金融機関の
監査部監査・自店内検査力強化
の手引き

金融機関を守る最後の砦

信金中央金庫　信用金庫部
佐々木 城夛 著

一般社団法人 金融財政事情研究会

まえがき

　本書は、おもに本邦内の預・貯金取扱金融機関の実務者を想定して記述させていただいた。このため、文中の「金融機関」はこれらに読み換えて認識していただきたい。

　なお、証券・生命保険・損害保険・リース・クレジット業界など、金融関係業界各位の実務者においても、参考の一助となれば幸甚の至りである。

1　事故・不祥事件についての関係者の認識等

　著者は、日常、金融機関関係者とさまざまな意見を交換させていただく機会に恵まれている。そうしたなかで、事故・不祥事件に関するある種の傾向を感じている。

(1)　経営層からの声

　経営層から、近時、不祥事件に関するご意見・ご相談を頂戴することが少なくない。

　不幸にも事故・不祥事件が発生・発覚した金融機関経営者からは、後悔と慚愧に耐えない旨の感情とともに、非常に重い言葉を伴った事後対応に関する事項が聞かれる。発生・発覚により自信を喪失されたその姿は、たいへん痛々しい。

　一方、事故・不祥事件が未発生の金融機関経営者からは、時に防止・抑止のための態勢構築・運営についての不安が聞かれる。ただ、その姿は現実的な防止・抑止策を講じる必要があることは理解できているものの、具体的にはどこに着眼しどのような高度化を図るべきかを逡巡しているようだ。

　近時の事故・不祥事件の頻発化をかんがみれば、未発生の金融機関にとっても"対岸の火事"の意識ではいられないとの認識はみられるのだが、「行職員を信頼したいし、不用意な施策を実施して意欲を低下させることもこわいが、万が一事故が発生した場合のことを思うと……」という声も少なくな

い。いまなおわずかに、「特に何も意識していない」あるいは「うちに限っていえば全然心配していない」などのやや疑問をもたざるをえないコメントを発する金融機関経営者もみられるものの、総じて必要性の意識・関心は高い。

　他方、そうした意識・関心の一方で、対応は必ずしも他の施策に先んじて実施されているとは言いがたい。「意識はしているのだが」「いずれはどうにかしなければならないとは思っているのだが」の印象である。いってみれば、いまだ不完全燃焼・消化不良の段階にあることも少なくない。

(2) 行職員からの声

　この一方で、一般行職員の声に耳を傾けると、金融機関の事故・不祥事件に関する行職員の意識・関心は必ずしも高くないことがわかる。

　事故・不祥事件が未発生の金融機関や、かつての発生から長期間が経過し風化がみられる金融機関の行職員の当事者意識は総じて薄い。それどころか、発生後1～2年程度しか経過していないような金融機関の行職員にも、風化傾向は現れている。そこには、「自分たち善良な一般行職員は、ある意味でいちばんの被害者である」という潜在意識が横たわっている。実際に、辛い経験を強いられた者も少なくない。それ自体は紛れもない事実であるものの、「それゆえに自身・周囲も戒めていく必要がある」とは必ずしも認識できてはいない。

　この背景には、さまざまな要因がみられる。いわゆる風評対策を含めた信用不安の発生防止のため、一般的な注意喚起に力を入れる一方で、事件の発生原因や顛末に係る説明を一般行職員に十分に行っていない金融機関も少なくない。その結果、一般行職員が一般論以上の重要性を認識できていないことや、経営層に対する新たな不信感を抱く事象もままみられる。公開時期や詳細の程度については繊細な判断を要するものの、再発防止策の実施にあたっては、一般行職員の視点・意識にも留意し、必要十分な情報公開と情報管理の徹底を同時に図るべきであろう。

著者は、再発防止策の一環や一般の注意喚起のため、金融機関関係者に向けた説明会・勉強会等に講師やパネリストとして参加させていただく機会がままある。そうしたなかでの一般行職員の反応をみても、日常業務に忙殺されるなかで当事者意識をもたせることは非常にむずかしいことが十二分にうかがえる。

(3)　留意事項

　経営層にあっては、「詳細部分について十分に理解・把握しきっていないことへの不安感」、平易な言葉でいえば「"わからないこと"へのこわさ」を正視されたい。

　当該分野には、あまり"外注"を請け負う外部業者がなく、その結果、報道される以上の情報提供自体も多いとはいえない。ゆえに、日常に埋没される危険性をはらんでいる。

　「いまのところ、何も出ていないから大丈夫」の気休め感覚で、後手に回った対応となることが、結果的に高い代償となった前例は少なくない。また、本文中でも触れるが、監査・コンプライアンス部門は、日常において他部門が「触らぬ監査にたたりなし」の姿勢で接するため、不必要に聖域化しやすいという特徴をもつ。監査部門に一任するだけでは必ずしも十分でないという認識も、時に必要となると思料する。

　金融機関経営にとって監査部門が重要と思うのであれば、不都合な現実から目を逸らしたままの"きれいごと"の口上ばかりを唱える姿勢とは決別し、質・量の充実ほか配置人員の見直し等にも踏み込まざるをえないことをあらためて認識されたい。

2　本書の執筆動機

　著者は、事故・不祥事件の防止・抑止対応の鍵を、①コンプライアンス意識の徹底、②牽制機能の強化、と考えている。

　上記説明会・勉強会等への参加時には、量刑ほか当事者が負う代償等を含

め、①を中心に説明・意見させていただいているが、これだけでは不十分であり、①・②双方が一定水準に達し、相乗効果が発揮されてこそ防止・抑止態勢が整備されると理解されたい。

特に難解なのが②の側であり、常態的に実効性を向上させていくことが避けられない。さらにいえば、実効性向上は観念的・情緒的なものではなく現実的・具体的なものでなくてはならない。原理原則論や一般論の啓蒙だけでは限界があるのである。本書の執筆動機の根源部分もここにある。

他方、必要に応じローテーション・ルールの設定・運用状況が当局検査でも確認される金融機関においては、所属行職員全員が幅広い部門・地域での人事異動を余儀なくされる。このため、有り体にいって"監査のプロフェッショナル"や"コンプライアンスのエキスパート"はそもそも生まれにくい。むしろ、ある日の人事異動命令を受けて監査・コンプライアンス部門に異動となった行職員から、「まだ日が浅く」あるいは「素人みたいなもので」等の口上を頻繁に耳にする。

上記事情をかんがみ、本書においては、a)監査部門に初めて配属された行職員がどのような考え方で業務に臨み、能力向上を図るべきか、b)監査部門の所属・実務経験等をもたない一方で、ある日の辞令をもって部門長や担当役員を命じられた場合には、どのような考え方・手法で監査の実効性向上を導いていくべきか、c)日常の各部店における店内検査では、担当者・部門長はどのような観点に則って、どのような手法で見直しを図っていくべきか等の視点で記述を行った。

また、幅広い金融機関で活用いただくことを念頭に置きながらも、主たる対象としては、監査部門やコンプライアンス部門に潤沢な経営資源を割り当てることが可能で実際に相応のスタッフがそろっているところではなく、どちらかといえば少人数で日々の活動をやりくりしているような金融機関を想定した。このため、法令解説や「べき」論等の"上流"に優先して、"下流"部分の解説に頁を費やした。

3　本書の利用にあたって

　詳細は目次部分に記載したが、本書は、序章では「事故・不祥事件発生の背景」を、第1章では「監査・検査の当事者・関係者に向けた実施意義」を、第2章では「監査当事者・関係者に向けた監査の実効性向上策」を、第3章では「検査当事者・関係者に向けた検査の実効性向上策」を各々記述した。さらには、金融機関内部での研修等への活用を意図し、付録資料に事故・不祥事件を添付した。

　全文を参照しなくとも、関係部分を参照すれば実用に耐えうる構成を意識しており、巻末の「事項索引」とあわせて活用願いたい。

　できる限り例示・見本様式を含めることで、"実務書"として監査・検査時に実務者にご活用いただけるよう心がけた次第である。鞄に入れて監査・検査の実施現場で参照いただければ幸甚に堪えない。

　なお、本書発行の機会を頂戴するとともに、多大なるご尽力を頂戴した㈳金融財政事情研究会の担当部長以下出版部スタッフご一同、ならびに週刊金融財政事情編集部スタッフに、この場を拝借し、あらためて厚く御礼申し上げたい。

　　平成23年1月

　　　　　　　　　　　　　　　　　　　　　　　　佐々木　城夛

【著者紹介】
佐々木　城夛（ささき　じょうた）
　　信金中央金庫
　　信用金庫部　次長（コンサルティング第1グループ担当）

　1967年8月東京生まれ。慶應義塾大学法学部（法律学科）卒、1990年4月全国信用金庫連合会（現：信金中央金庫）入会。営業店、総合企画部、欧州系証券現地法人（在英国）等を経て、1999年より対信用金庫経営相談を担当。2008年3月より現職。
　年間100営業日を超える現地での経営相談実務経験を背景とした、事故・不祥事件防止、オペレーショナル・リスク・市場リスク管理、営業推進、能力開発、人件費管理等の論文ほか多数。

目　次

序　章
現役行職員の悩み・苦しみ

1　低成長経済下で強いられる競争激化 …………………………………… 2
2　注目すべきこと ……………………………………………………………… 4
　(1)　経済面での困窮 ………………………………………………………… 4
　(2)　反社会的勢力の介入 …………………………………………………… 5
　(3)　精神面の衰弱 …………………………………………………………… 8

第 1 章
監査・検査の実施意義

1　金融犯罪の背景 …………………………………………………………… 12
　(1)　だれもが当事者になりうる怖さ ……………………………………… 12
　(2)　担当者に起因する犯罪 ………………………………………………… 14
　(3)　顧客ほか取引関係者に起因する犯罪 ………………………………… 17
　(4)　要素の連鎖・相関による問題の複雑化 ……………………………… 21
2　事故・不祥事件発生時の対応と防止・抑止のために ………………… 22
　(1)　事故・不祥事件発生に伴って強いられる対応 ……………………… 22
　(2)　摘発は救済である ……………………………………………………… 28
　(3)　だれにでもできるわけではない"番人"という役割 ………………… 31

第 2 章
監査部門監査の実効性向上のために

1　実効性向上が求められる背景 …………………………………………36
　(1)　止まらない事故・不祥事件 …………………………………………36
　(2)　待ったなしの再発防止策有効化 ……………………………………36
2　監査部門自身が抱える課題 ……………………………………………44
　(1)　所属行職員の士気・意欲向上施策 …………………………………44
　(2)　かさむ業務量への対応施策 …………………………………………53
3　(対)本部監査高度化のために …………………………………………56
　(1)　本部監査にみられる実施状況と課題 ………………………………56
　(2)　"帳簿監査"に終わらないための知識修得 ………………………58
　(3)　重要物を取り巻く実態の可視化把握 ………………………………61
　(4)　時間軸・業務の流れに沿った基本ルールの設定状況確認 ………63
　(5)　所属行職員の保有業務知識・意欲・リスク認識(度合い)確認 …69
　(6)　外部発注・経費支払状況確認 ………………………………………73
　(7)　実施時の"突発性"確保のための留意事項 ………………………74
　(8)　臨時監査員(補助スタッフ)活用のポイント ……………………75
　(9)　経営陣への迅速・的確な報告実施のために ………………………81
　(10)　対象部門・関連部門への連絡・示達時の留意事項 ………………82
　(11)　(指摘・指示事項に対する)改善施策の進捗確認時の留意事項 …84
4　営業店(臨店)監査高度化のために …………………………………86
　(1)　営業店(臨店)監査にみられる実施状況と課題 …………………86
　(2)　"事務検査"に終わらないための知識取得 ………………………87
　(3)　自店内検査実施状況把握 ……………………………………………91
　(4)　重要物を取り巻く環境把握 …………………………………………96
　(5)　特定顧客との取引状況把握 …………………………………………102

- (6) 所属行職員の業務知識・意欲・具体的動向把握 …………………… 104
- (7) 外部発注・経費支払状況確認 ……………………………………… 107
- (8) 実施時の"突発性"確保のための留意事項 ……………………… 109
- (9) 臨時監査員（補助スタッフ）活用のポイント …………………… 111
- (10) 経営陣への迅速・的確な報告実施のために ……………………… 117
- (11) 対象部門・関連部門への連絡・示達時の留意事項 ……………… 119
- (12) （指摘・指示事項に対する）改善施策の進捗確認時の留意事項 ……… 120

5 監査部門（自身）への監査高度化のために …………………………… 123
- (1) 監査部門への監査にみられる実施状況と課題 …………………… 123
- (2) 対監査部門監査の実施部門 ………………………………………… 125
- (3) "お手盛り監査"に終わらないための知識修得 ………………… 126
- (4) 実施にあたっての留意事項 ………………………………………… 128

第 3 章
営業店店内検査の実効性向上のために

1 実効性向上が求められる背景 …………………………………………… 132
- (1) 事故・不祥事件の大部分の発生場所 ……………………………… 132
- (2) 非常にむずかしい「発生後の信頼回復」 ………………………… 133
- (3) "身内"ゆえの抵抗感 ……………………………………………… 134

2 店内検査実施担当者自身が抱える課題対応のために ………………… 135
- (1) 担当行職員の志気・意欲向上策 …………………………………… 135
- (2) かさむ業務量への対応施策 ………………………………………… 139

3 営業店店内検査の高度化のために ……………………………………… 142
- (1) 営業店店内検査にみられる実施状況・課題概要 ………………… 142
- (2) 所属行職員の意識向上のために …………………………………… 143
- (3) "事務検査"に終わらないための知識修得 ……………………… 144

(4)　店内検査実施体制の再確認……………………………150
　(5)　日常業務実施体制の再確認……………………………154
　(6)　情報流出防止体制の再確認……………………………156
　(7)　所属行職員のリスク感応度の再確認…………………159
4　着服・横領等の防止のために………………………………161
　(1)　外部への情報公開による防止施策……………………162
　(2)　顧客等と連携した防止施策……………………………164

おわりに……………………………………………………………167

付　録

近時の預・貯金金融機関のおもな事故・不祥事件（資料）
- 近時の金融犯罪………………………………………………172
- 近時の情報漏えい・誤登録等………………………………195

参考資料……………………………………………………………208
事項索引……………………………………………………………209

序章

現役行職員の悩み・苦しみ

低成長経済下で強いられる競争激化

　バブル崩壊後の長きにわたるわが国の不況は、金融機関経営・業務に変革を促す直接的な圧力となり、各種法制化や制度変更、さらにはテクノロジーの進展が、これに拍車を掛けることとなった。また、いわゆるリーマン・ショックほかに伴う金融市場の混乱は、金融機関の保有資産の劣化にも直結した。

　これらの影響を受けるかたちで、金融機関を取り巻く環境は、近時大きく変遷した。全体を概観すれば、経営破綻を含めて金融機関の再編が大きく進み、業態を問わず金融機関数は減り続けた。また、統廃合が相次いで実施されたことから、店舗の全体数も大きく減少した。さらには、預り資産販売ほか新たな業務の取扱いが始まり、ATMの多機能化やインターネットバンキングの伸展もみられた。このほか、行政改革による金融庁の設立や説明義務の厳格化、郵便局の民営化やインターネット専業銀行などの設立もみられた。

　他方で、現在に至るまでオーバー・バンキングが指摘され、金融機関相互間や異業種も入り乱れた競争が激化するなかで、コスト圧縮を意図した人員の絞込みや非常勤雇用化も進んだ。かつては聖域視された人件費であるが、そんなことはいってはいられなくなったのである。

　図表序－1の数値のとおり、労働者派遣法の改正に伴った非常勤雇用者の常勤形態への切替えもあり、近年の従業員数は増加基調に転じているものの、1998年度と比較すると大幅な減少傾向にある。帝国データバンクによれば、バブル崩壊直後の1991年当時と2005年を比較すると、銀行従業員は約4割減少している。

　こうした動きと歩調を合わせる形で、信用金庫・信用組合などの協同組織金融機関をはじめ、証券・生命保険・損害保険業界等でも同種の傾向が示さ

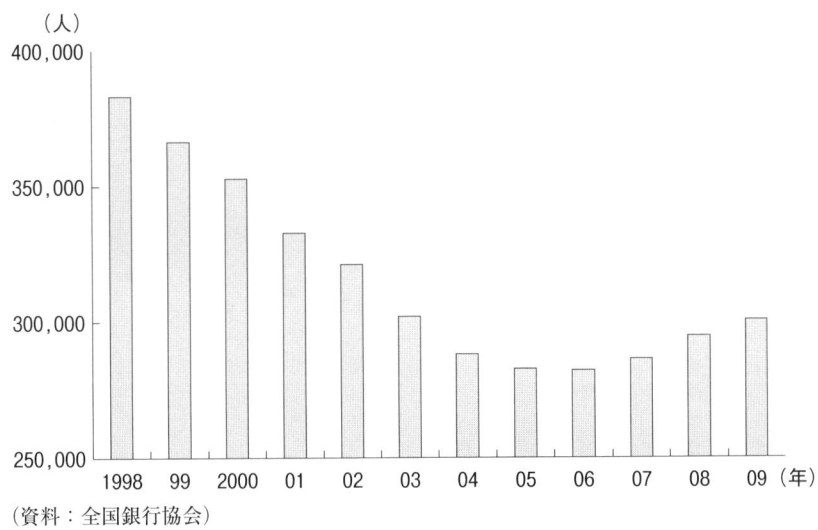

図表序-1　銀行従業員数

(資料：全国銀行協会)

れたと推察される。

　これらの結果、行職員各自が感じる負担感は従来に比べ非常に重くなる一方で、処遇は頭打ちにもなった。ベースアップ凍結のみならず、給与・賞与の減給もみられ、人員構成全体も著しい成熟傾向を示した。再編や店舗廃止等に伴うポストの減少すなわち昇給・昇格の機会そのものが大幅に減少し、パート・派遣行職員の増員・比率上昇に伴う新たな労務管理負担の発生や、説明義務の施行ほか新規業務取扱開始に伴う事務負担の発生など、特に"守備"面での負担がいまなお増大し続けている。

　この間、民間給与の伸び悩みや税負担の感は相応に大きく、サラリーマンの小遣い額も2010年と1990年の対比で実に46％（△3万5,400円）ものマイナスを示した（図表序-2）。金融機関勤務者もこのような傾向の例外ではなく、金銭的余裕がなくなってきていると考える。

　このような低成長経済下での過酷な競争は、行職員に相応の負荷をもたらした。内部行職員による金融犯罪の背景には、個別事情があるものの、全般

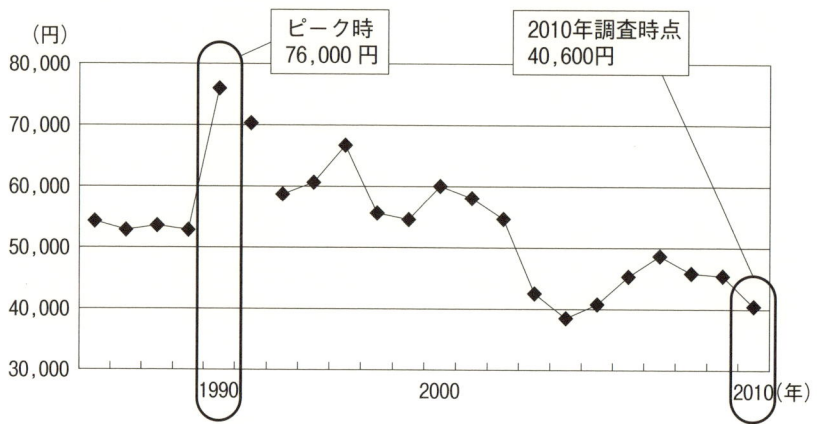

図表序-2　サラリーマンの小遣い

注　1991年、1993年、1994年は調査実施されず、データなし。
（資料：新生フィナンシャル株式会社公開情報より著者作成）

としてはこのようなマクロ的事象があったといえる。

注目すべきこと

　詳細は本文中に述べたものの、金融犯罪ほか事故・不祥事件の動機・契機に着目すると、①経済面での困窮、②反社会的勢力の介入、③精神面の衰弱、の3点と強い相関傾向がみられる。
　以下に、概要を述べる。

(1) 経済面での困窮

　「金に困って顧客の金に手をつける」「遊ぶ金欲しさに顧客を騙す」とはあまりに古典的な理由・事象とも感じられるが、事故・不祥事件の背景の実態を紐解いていくと、結果的に当該理由により金融犯罪に手を染めるケースがいまなお少なくない。"鶏と卵"の表現を借りれば、事故・不祥事件による

あぶく銭を手にしたことで、かえって身を持ち崩したケースがあったことも想像に難くない。

事故・不祥事件への防止・抑止等にあたり、パチンコ・パチスロ店や公営賭博（競馬・競輪・競艇・オートレース）での遊技を禁じ、行職員と念書を交わすことを検討するような声も聞かれるが、実際上はむずかしい。同様に、近時、完全施行された改正貸金業法の管理下にある消費者金融会社からの借入れ（遊興費を含め、総量規制に抵触してしまっている行職員もいることが想定される）についても同様であり、ある日を境に勤務先から一方的に借入れを禁じられ、これに背けば罰則をもたらされる事態は、行為自体に不法性が認められない以上は財産権の侵害に抵触する可能性を残す。

よって当面は、従業員への生活資金貸付等の利用あっせんや個別の相談対応を通じて利用者のケアを行うことが現実的な対応と見込まれるが、それは部門統括者・管理者のさらなる負担増をも意味する。

(2) 反社会的勢力の介入

一口に"反社会的勢力"といっても、その内訳には暴力団、総会屋、会社ゴロ、社会運動標榜ゴロ、政治活動標榜ゴロ、特殊知能暴力集団等がある。このうち暴力団だけを抽出しても、2009年末時点で構成員が約3万8,600名、準構成員が約4万2,300名、合計で約8万900名に及ぶ。

これら人数は原則として自認調書で自ら認めた者や明確な裏付資料に基づく者に限った分だけであり、このほかに、これら暴力団を背景に仕事にありつく者、暴力団が関与する企業、いわゆる"堅気"ながら暴力団の下請けを行う者もいる。このため、実際の暴力団関係者はこの2倍から3倍の人数がいるともいわれる。8万名強の暴力団員が生活し、組織を維持・拡大するためには資金源の確保は欠かせず、今日も不透明な活動が多岐にわたって展開されていることがうかがえる。

近時においても、2007年6月に政府が公表した「企業が反社会的勢力によ

図表序-3 暴力団構成員等の推移

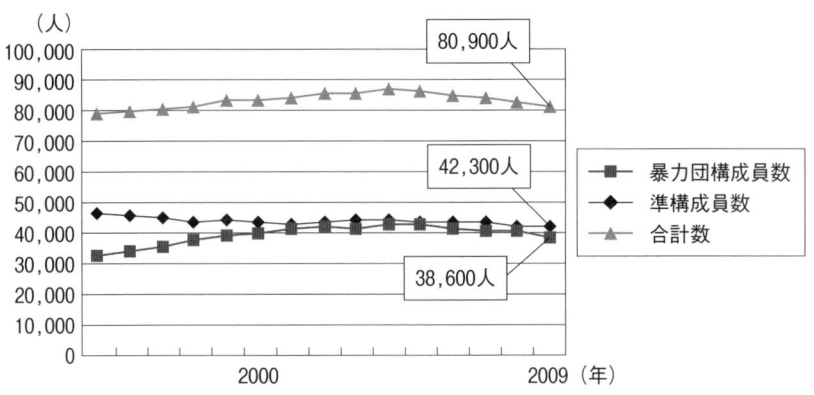

(資料:警察庁「平成21年の暴力団情勢(確定値版)」より著者作成)

る被害を防止するための指針」をふまえた暴力団排除条項の導入など、政府・民間を交えた反社会的勢力との関係排除への取組強化がみられている。他方、そうした動きがみられるということを裏返せば、それだけ社会一般に反社会的勢力の手が及んでいることを図らずも立証している。いわゆる東京佐川急便事件以降も、上場・大手絡みあるいは証券市場での反社会的勢力にまつわる事件が断続的に繰り返されており、企業ほかの弱みに付け込む手口がいまだなくならないことを思い知らされる。

　この一方、2008年11月に公表された警察庁や日弁連などの対民間企業調査の結果によれば、契約書や取引約款に暴力団排除条項を盛り込んでいた比率は、公表時点で22%にとどまっている。また、2009年8月に公表された対国の出先機関調査の結果をみても、その比率は23%にとどまり、地方自治体の62%を大幅に下回った数値となっている。上記未整備の理由については「不当要求などの被害経験がない」「契約事務がない」「どのような内容を入れるかわからない」等をあげているものの、反社会的勢力に対する意識の不十分さを示す一例である。

　また、暴力団との接点をおもな生活の糧としている弁護士も少なくないと

図表序-4　暴力団構成員等に係る金融・不良債権関連事犯検挙数の推移

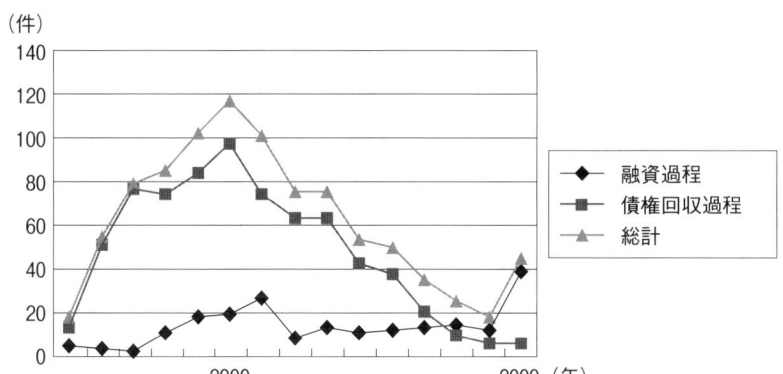

（資料：警察庁「平成21年の暴力団情勢（確定値版）」より著者作成）

いわれる。モラルを欠いた行為には眉をひそめたくなるものの、こうした実態から目を逸らすべきではないともいえる。

　近年の金融界においても、2009年2月には、百十四銀行の支店長による暴力団絡みの不明瞭な融資が合計で約9億5,000万円にものぼることが報道された。背景に、飲食・高級クラブ・ゴルフでの接待があった一方で、内部ルールで義務づけられていた営業店の信用調査が実施されていなかった実態もあわせて報道されており、巧妙な手口で金融機関に接触している事実の一端がうかがえる。

　人間は、時に誘惑に駆られるものであり、反社会的勢力はそこを着実に突いてくる。あらためて言うまでもなく、金融機関の口座は経済犯罪に欠かせぬものである。また、反社会的勢力は手形帳や小切手帳を求め、当座取引の利用を強く望んでもいる。

　つまり、金融機関行職員は反社会的勢力にとって格好のターゲットなのである。金融機関経営者・管理者等にあっては、これまでの事例をみても、決して日常の生活に窮した者だけが金融犯罪に手を染めるわけではないことをあらためて認識する必要がある。

(3) 精神面の衰弱

　また、近時、金融機関人事部門担当者への負担となっているのが、"心の風邪"といわれるうつ病に代表される精神疾患者の著しい増加である。それはいたるところで耳にし、本件に関する話題に事欠くことがない。この問題に悩まずにすんでいる金融機関はほとんどないのではないかとすら思う。それだけに担当部門等の負担感は大きく、対策に取り組まざるをえなくなった担当者自身に、逆に精神的に大きな負荷をもたらす姿を目にすることも少なくない。

　WHOの2009年の統計によれば、「人口10万人ごとに対する自殺者数」の第6位が日本となっている。当該人数の先進国との対比では、アメリカやフランスは日本の半分弱、イタリアやイギリスは4分の1程度にすぎない。換言すれば、日本の自殺率は群を抜いて高いといえ、図表序－5のとおり、人数も増加傾向にある。

　さらに、わが国の自殺者の特徴として、他国に比べ自殺者全体に占める中

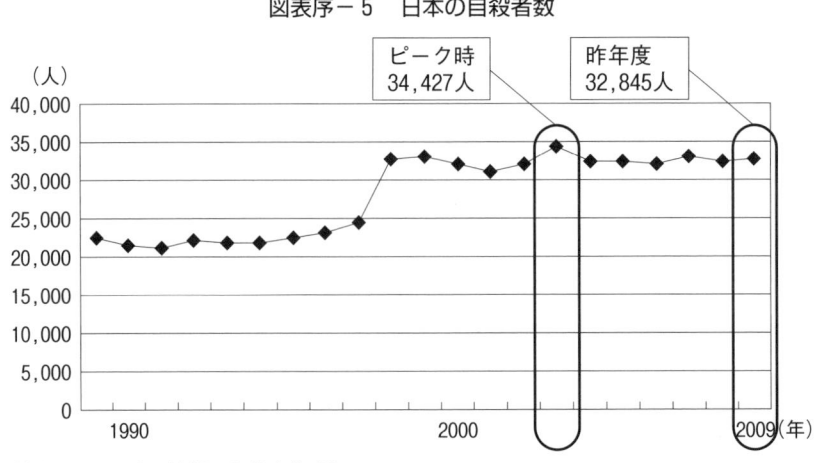

図表序－5　日本の自殺者数

（資料：WHO公開情報より著者作成）

高年男性の割合が高いことがあげられる。自殺に至る背景には、各々個別具体的な事情があるにせよ、国全体の切口でみれば、わが国の中高年男性には「疲れ」がみてとれるといえる。

　誤解をおそれずにいえば、追い詰められた行職員が特異な行動を引き起こすことは、これまでもままみられている。純粋な意味では金融犯罪ではないものの、渉外活動のための外出中に下着を窃盗したケースや、古くは1995年に精神疾患で休職中の旧東洋信託銀行員が引き起こした全日空857便ハイジャック事件などがある。

　人間は機械ではなく、心身のコンディション次第では、時に過ちも犯してしまう。金融機関経営者および監査部門所属行職員にあっては、いま一度この性質を認識する必要がある。

　なお、本書における「営業店」は本邦内有人店舗をおもに想定している。

第1章

監査・検査の実施意義

金融犯罪の背景

(1) だれもが当事者になりうる怖さ

　近時、"身内"であるはずの内部行職員による金融犯罪が横行している。背景にはさまざまな諸要因があり、これらが相関しているものの、中核部分には「人間であればだれしもがもつ、本能的な弱さ」が横たわっている。人はだれでも、この"もって生まれた弱さ"により、時に誘惑を断ち切れずに正常でない判断に陥って身を持ち崩す事態をも招いてしまうのである。内部行職員による金融犯罪は、それが最も悪いかたちで結実したものの1つである。

　このため、金融機関の経営管理にあたっては、このような弱さを必要十分に認識し、文字どおり（"性悪説"ならぬ）"性弱説"の観点で臨む必要がある。「あの人だけは絶対に大丈夫」と例外視せず、時として犯罪に手を染めてしまう可能性を全役職員がはらんでいることを肝に銘じて、一律に管理に取り組まなければならない。そして、これこそがまさに金融犯罪の最も顕著な特徴であり、金融犯罪のもつおそろしさである。

　実際にこれまでの履歴を振り返っても、犯行に及んだ行職員はあらゆる階層・職種に及んでいる。具体的には、職位・年齢も役員から若手に至り、性別も男女双方で、さらには、雇用形態も常勤・非常勤の双方で実績がみられている。これらすべてで内部行職員による犯罪が現実に引き起こされており、その実態は、悪い意味で網羅的といえる。

　ごく卑近な例をあげれば、金融機関の勤務者であればだれしも、現金その他を取り扱うなかで「いまなら周囲にだれもいない」「この位置からならば防犯カメラに写らない」「自分さえ黙っていればしばらくはだれにもわからない」と思われるような場面に高い頻度で遭遇することが理解できるはずで

図表1－1　業態別内部事件集計表（2006年12月～2010年6月）

（単位：件・万円）

業態		発生件数（注2）			容疑別内訳（注2）				事件金額（注7）
			管理職	非管理職	横領等（注3）	窃盗等（注4）	詐欺等（注5）	不正融資等（注6）	
銀行	都市銀行	4	0	4	1	0	3	0	1,500
	信託銀行	2	0	2	2	0	0	0	7,500
	地方銀行	65	15	50	56	2.5	4.5	2	95,000
	第二地方銀行	33	10	23	28	1	2	2	33,000
	その他銀行	1	0	1	1	0	0	0	3,700
信用金庫		94	40.5	53.5	87	1	4.5	1.5	79,500
信用組合		33	12.5	20.5	31	0	0	2	78,113
労働金庫		9	2	7	7.5	0	1	0.5	3,104
農業協同組合（注1）		73	22	51	68	2.5	2	0.5	22,100
漁業協同組合		3	1	2	3	0	0	0	7,500
証券業		1	0	1	0	0	1	0	7,950
保険業		3	2	1	2	1	0	2	25,000
郵政グループ		23	14	9	15	3.5	4.5	0	2,700
その他		2	0	2	1	0	1	0	5,000
合計		346	118	228	301.5	10.5	25.5	8.5	—

注1　農業協同組合には、農林中央金庫および信連を含む。
注2　複数人の犯行の場合は、0.5人等に分けて各々加算。
注3　横領等の件数は業務上横領・着服・流用を含む。
注4　窃盗等の件数は、窃取を含む。
注5　詐欺等の件数は、私文書偽造、詐取、電子計算機使用詐欺を含む。
注6　不正融資等の件数は、迂回融資、浮貸しを含む。
注7　事件金額は、発生件数1件当りの最高額を記載。
（資料：㈱日本金融通信社「ニッキン」平成19年8月17日、8月24日、12月14日、12月21日、平成20年8月22日、12月19日、平成21年8月21日、8月28日、12月18日、平成22年8月20日、8月27日紙面より著者作成）

ある。心身状態が正常でなければ、その場面で「悪いことではあるが……ついつい」の気持ちに陥ってしまう、あるいは魔が差して時に抗えなくなることは想像に難くない。

それゆえに職位や性別を問わず、行職員がお互いに牽制し、定期的に発覚後の代償や倫理感にも訴え合うことで自制を促す意味がある。人はだれしも弱いもので、一人では生きられないのである。

(2) 担当者に起因する犯罪

実際のところ、犯罪の構成要件の詳細部分については学説にも諸説がみられるが、行職員が金融犯罪に手を染める段階では、動機すなわち犯意をもつ必要があることは疑いようのない実態であろう。

内部行職員による金融犯罪のうち最も代表的なケースである「他者現金・預金等の着服・横領」は、①第三者から自己（等）へ不当な利潤をもたらすことを主たる目的として、②顧客と交わした実際の契約や顧客からの実際の依頼事項とは異なる事務処理等を顧客に無断で実施すること、により引き起こされるものである。つまり、金融犯罪は、甘言を弄するなど、第三者を言葉で欺く行為だけでなく、不正な事務をも構成要件とする犯罪ともいえる。金融機関の業務はコンピュータのオンライン・システムにより機械化管理され、そのシステム操作を通じて多数の事務を処理するなかで顧客との資金取引を行っている。そうした「金融機関業務≒事務処理」という実態のもとでは、一時的にでも辻褄をあわせる事務処理を行わなければ、直ちに不審な事実が炙り出されてしまうからである。

預金者をはじめとする顧客は、預金通帳に印字された金額がよもや間違っているとは思わず、金融機関を信頼して"命の次"に大事な財産を預けている。見方を変えれば、預金取引を行っている顧客のうち、実際の預入金額・利率・期間に応じて付利された利息を自ら検証しているような顧客はごく少数に限られるだろう。実態として、大多数の顧客からはそこまでは疑われて

いるわけではなく、また一方で、実際の付利計算が難解で簡単に算出できるものばかりではないということもある。

　金融機関に対する信頼の礎は、言うまでもなく堅確な事務処理にある。各々の金融機関への基本的な信頼やいわゆる金融システムに対する信頼の基本部分もここにあるといってよい。これは、これまで金融業界に奉職された緒先輩たちによって培われてきた真の意味での財産となっているのだが、その"堅確"の範疇には、「内部行職員による不正行為がない」ことも含まれることをあらためて申し述べたい。これまでに培った信頼を維持していくことは、金融業界に従事する者の責務であり、内部犯罪の防止・抑止は社会的にも問われている。

　先述のとおり、近時の金融業務の基本部分である事務管理は、実態としては機械化のなかで二重三重のチェックを行う仕組みで運営されており、この仕組みが、正確な事務処理とあわせて内部の不正防止にも寄与している。このことは役職員側にもよく認識されており、行職員は「衝動的な出来心で着服を行っても、ほどなく発覚してしまう」という理解のもとで日常の事務処理等に臨んでいる。率直にいって、行職員へ一次的な抑止効果は特に心理面で大きいといえよう。

　他方、裏を返せばこのことは、金融犯罪に手を染める当事者に一定の能力を問うことにもつながっている。相応の知識・技術を保有し、文字どおりこれを悪用しなければ、不正・犯罪等の事実が難なく発覚してしまうためである。ごく一例だけをあげても、検印者・再監者の動向、システム上での具体的なチェック箇所、店内検査・内部監査の日程や対象、当局検査・日銀考査の実施事項などが考えられるが、犯罪事実を発覚させないためにはこれら一連の実態・詳細を熟知し、そのうえで盲点を突く必要があるのである。

　犯罪当事者がこのような知識を文字どおり悪用することで事実の隠蔽が図られるわけだが、この結果、盲点を突かれた側の金融機関にとっては長期間にわたって不正行為を発見できない事態をも招きかねないこととなる。

図表1-2 能力と犯罪

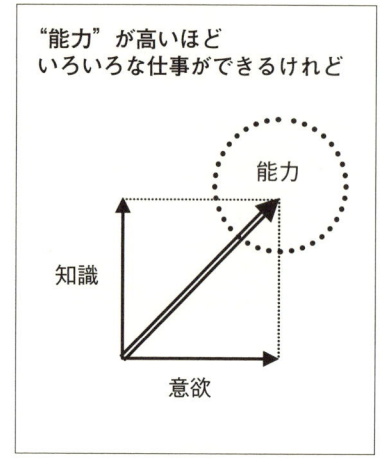
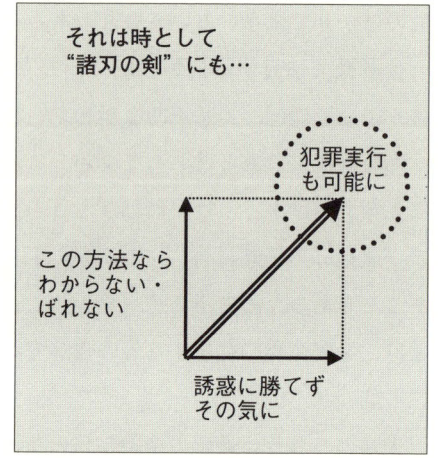

　こうした実態が、時として何年にもわたって事態が把握されずに、結果として被害の甚大化をもたらす背景となっている。犯罪当事者に着目して金融犯罪をとらえてみれば、就業間もない"よちよち歩き"の行職員では、やろうとしても簡単にはできないのである。端的にいえば、「初心者よりはベテラン」「新入行職員よりは営業店長」がその当事者となりうる可能性が高い。ゆえに、必要に応じてこれらの職位を含めた行職員全員を性弱説の視点で確認する必要が生じてくるのである。

　他業態の事象ゆえ余談となるが、近時みられた鉄道会社社員によるIC乗車券を不正利用したキセル行為などは、一般人がまったく思いもよらぬ方法で行われた犯罪であり、まさに内部にいて事情をよく知る者による典型的犯行ともいえよう。どの手口でシステム・チェックがなされ、その後の検証や監査がどのような過程で行われているのかを知り、その盲点を突く手口には悪質性の高さがうかがえる。この犯罪についての摘発・再発防止に至るまでの経緯は、金融機関においても他山の石とすべきである。

　金融犯罪の防止・抑止のためには、周囲に「仕事ができない」といわれる

行職員よりも、「仕事ができる」といわれる行職員のほうを疑い、必要に応じて検証の対象とする必要もあろう。抑止にあたっては、当該事実をあらためて認識し、必要十分な対応を行職員の区別なく講じることが避けられないと考える。成績優秀者を甘やかして除外するのではなく、むしろよりいっそう注視する感覚をもつべきなのである。

(3) 顧客ほか取引関係者に起因する犯罪

　金融犯罪には行職員だけが悪意をもって着手するもののほか、顧客ほか取引関係者側が主導するものもあり、このなかには集団で組織的に行動するケースもみられる。いかに金融機関行職員が金融のプロフェッショナルといえども、このような犯罪組織・集団に対しては、一人では太刀打ちできないことも少なくない。よって、組織全体として文字どおりの"態勢"をもって臨む必要が出てくる。

　多くの商行為と同様に、金融業務にも利害関係人をはじめとする相手方がいる。金融機関全体の単位でとらえれば、一般預金者を含め、そのような利害関係人の総数は膨大な数値に達する。時に「他人の褌で相撲をとる」あるいは「晴れた日に傘を差し出すくせに、いざ雨が降れば傘を引っ込める」と揶揄される金融機関は、誤解を怖れずにいえば、決して世間から好かれるばかりの存在ではない。このため、「自分たちのことばかり考えている金融機関に一泡吹かせよう」「高給とりの銀行員にいつか一矢報いたい」とたくらむ者も潜在的には相当数に及ぶことが見込まれる。預金や融資取引の相手方のなかにも、こうした考えをもつ者が含まれていることは想像に難くない。口座売買を通じたマネーローンダリングに代表されるように、残念ながら反社会的勢力をはじめとする犯罪者やその予備軍にも、金融機関はさまざまなかたちで利用されているという事実についても、あらためて認識する必要がある。

　不正な金融取引のうち比較的よく知られた事象の1つに、融資絡みの取引

があげられる。マスコミ等により"不正融資"という報道がなされると、大層な事象が発生したように聞こえるものの、このなかには、事業者への既往与信取引が信用リスク増大等によってやがて倒産などに至る過程のなかで、企業や金融機関が実態を偽るケースも含まれる。

　融資の申込みを受け付けた後に行う審査手続自体は、事業規模や立地が異なっても、総じてどこの金融機関でもほとんど同じといえる。事業者向けであれば、同じような信用調査機関の情報を利活用し、決算書をはじめとする定量データをもとに財務分析を行った後に技術力・商品競争力や代表者の資質・性格や後継者の有無ほか定性データを加減算することで点数化し、これをもとに稟議手続により可否の判断を行っている。これは、業態・規模・立地等を問わず仕組みとしてはほぼ同様である。また、個人向けであれば、勤務先・勤務年数・年収や資金使途・返済希望年数等を聴取のうえ、保証機関に対する保証申込みを行い、その審査結果をふまえて稟議手続により可否の判断を行っている。書類の形式や保証会社こそ異なっていても、本質的にはどこも皆同じようなことをやっているのである。さらにいえば、特に事業者向け融資については、2～4年程度の周期で監督当局による法定検査受検時に自己査定結果が検証され、金融機関の事業者に対する"目線"の統一もなされている。

　オーバー・バンキング環境下での上記事態は、貸渋り批判を意識しながら金融機関同士が優良顧客の奪い合いを行っているなかにあっては、決算書の記載内容がよい先にはどの金融機関も「貸したい」という意向が働く一方で、記載内容が悪い先にも総じて「貸せない」という判断が同じように働く事象を招く。つまるところ、現状は、金融機関側が顧客を選べる環境下にはなく、一定の信用力をもつ顧客が金融機関を選ぶ"買い手市場"下にあるといえる。よって、顧客側に選ばれなければ融資は伸びない。そのことを、顧客側もよく知っているのである。

　こうしたなかで、誤解をおそれずに表現すれば、中小・零細事業者側にも

決算書の偽造・改竄等を「事業者が生き延びていくための必要悪」と認識したり、「皆、それなりの粉飾を行っているものだ」と考えているケースも決して少なくない実態がある。事業者側がこうした考えに至る背景には、海千山千のコンサルタントや、場合によっては税理士資格をもつような者までもが、決算書作成・記載に係るさまざまな申出を行ってくることも少なくなく、このような過程を経て改竄された決算書を金融機関側に提出することで融資を受ける行為がなされていると指摘されてからも久しい。この結果、決算書を①金融機関用、②それ以外用、でつくり分けることにさほど抵抗感をもたない経営者も散見されるといわれている。大括りでとらえれば、長引く景気低迷のなかで業績不振に陥った事業先が、いつしかこのような不正行為に手を染めていくという過程も考えられよう。これらのうちで犯罪性が強く悪質と認められる事件が一定周期で発生し、"不正融資"として逮捕・摘発などがなされていることもまた事実なのである。

　本例のような顧客側に悪意があるケースでは、担当する行職員側にも融資推進ほか各種ノルマがあること、「不正を見抜けなかった事実が発覚すれば、関係行職員側にも責任が問われる」ことを粉飾実施側が知っていることもある。実際に、これを逆手にとって行職員側を共犯関係に引きずり込むことや、付け入るために一部の利益供与を行うこともさまざまな前例でみられている。

　この前提として、上記(2)の内容と同様に、悪意をもつ顧客側にも各種の金融知識や金融業界の実態を熟知している必要がある。それがなければ金融機関行職員に「付け込む」ことはむずかしく、ほどなく警察当局への告発がなされて犯罪が成立しなくなってしまうからである。実態としては、決算書の改竄手法を伝授するコンサルタントほか犯罪当事者・関係者側には、金融機関OBなどの姿も見え隠れする。また、逮捕・摘発者のなかには、現・元行職員が直接・間接に関与している実態もすでにみられている。

　こうした実態があるなかで、融資目標に追われる行職員が、コンサルタン

トほか会計の専門家をも交える席で「どこでもやっていることだ」との意見を聴きつつ、顧客と共謀して売上げや資産の水増しほか決算書の改竄等に直接・間接に関与する手口で不正を行って融資取扱実績を伸ばしたり、場合によってはリベート型の成功報酬を受け取ってしまうことで詐欺に加担してしまう可能性は、否定しきれない。近時、銀行での報道事例にもみられているが、発覚後に金融機関に与える負の影響ははかり知れないものとなる（「株式会社新銀行東京に対する行政処分について」http://www.fsa.go.jp/news/20/ginkou/20081226-5.html）。

　さらにいえば、この背後には反社会的勢力の介入も少なくない。「暴力団員による不当な行為の防止等に関する法律」（平成３年５月15日法律第77号）の施行に伴う警察当局の締付けや不況の長期化に伴って、近時、反社会的勢力の活動資金獲得がむずかしくなっている。こうしたなか、多くの構成員・準構成員が資金源探しに追われ、躍起になっている実態がある。近年横行している振り込め詐欺も、こうした一連の流れのなかで顕在化した動きの１つととらえられる。

　最近における反社会的勢力の活動の傾向として、地下化により実態がさらに不透明になっていることをあげたい。これらの結果、構成員・準構成員たちがさまざまなかたちで一般大衆側と接触しており、企業のごく一般的な経済活動にも反社会的勢力が入り込んでくるケースが後を絶たない。こうした過程のなかで、かつて優良・健全であった企業が些細なミスに付け込まれて乗っ取られ、組織全体が悪用されることや、企業決算悪化に伴って、いわゆる"企業舎弟""フロント企業"化し、有力な資金源となった法人も少なくない。これらの企業は、創業間もない中小・零細にとどまらず、長い歴史をもつ企業や、取引所上場をはじめ世間一般に認知度の高い企業も含まれるといわれる。また、対象となる経済活動も、旧来の活動にとどまらず、ITほか新規技術分野にも及ぶといわれる。これらの勢力は、いってみれば犯罪のプロフェッショナルであり、それとわからぬ姿で近付き、恐喝のほか教唆を

通じて金融機関にも触手を伸ばしてくるのである。

　なお、注意すべき事項として、取引のいかんにかかわらず、そもそも金融機関の役職員自身が反社会的勢力の有力な標的の１つとなっていることを認識されたい。詳細な顧客属性や企業の財務内容に代表されるように、金融機関には膨大な情報が保有されており、それを活用もしていることから、内部に協力者がいれば、文字どおりの"百人力"となるためである。

　あらためて言うまでもなく、金融機関は、その公共性をかんがみても反社会的勢力やこれに類する団体等との断絶が絶対に必要であるものの、実態としては、最近も証券業界においてコンピュータ・システムを管理する役職者自身による金銭を対価とした顧客情報の受渡しが行われるなどの事例がみられており、問題の根深さを象徴している（「三菱ＵＦＪ証券株式会社に対する行政処分について」http://www.fsa.go.jp/news/20/syouken/20090625-2.html）。

(4) 要素の連鎖・相関による問題の複雑化

　実際に犯罪に至る過程を紐解くと、背景には多数の要素が混在し、これらが連鎖・相関するなかで問題の複雑化を招いたものも少なくない。

　一方、当事者は、上記(2)でも触れたとおり、不正なオペレーションほか隠蔽のための事後の多数の事務処理を行う必要がある。また、金融犯罪の成立要件として、犯意をもつことは欠かせない。つまり、当事者は間違いなく、必要十分な技術と明確な犯意をもって金融犯罪に及んでいるのである。

　また、別の一面では、一時の誘惑や恐喝などの背景があったにせよ、当事者自身が「ひとたび金融犯罪に手を染めれば、発覚時には刑罰を含め大変な代償を支払わなければならない」あるいは「最終的には、大部分が発覚する」ことを知ったうえで実行に及んでいる。このことから、同僚ほか仲間を引き込んで犯行に及ぶケースは少数にとどまり、単独で犯行に及ぶことが大多数を占めるという特徴も併せ持つ。

　当該実態は、金融犯罪防止・抑止にあたって鍵となる内容を含む。すなわ

ち、「一人では対応させないこと」「対策も含めて"組織"で対応すること」である。あらためて言うまでもなく、事務・オペレーションを含め、各種の業務を複数名で行うことによる防止・抑止の意味の1つはここにある。

これは、どのような事務処理・顧客応対も複数名で行うということではない。リスク顕在化時の経営に与える影響を事前評価したうえで、引ったくりほか外部からのリスクを含め、犯罪防止・抑止・牽制に有効な箇所・部分・手法に着目した手段を複数名で行うべきということである。

内部監査・店内検査の実施にあたっても、当該姿勢に沿った検証内容の高度化が常に求められる。

事故・不祥事件発生時の対応と防止・抑止のために

(1) 事故・不祥事件発生に伴って強いられる対応

事故・不祥事件発生後には、実態として実にさまざまな対応を強いられることとなるが、以下にその代表的な事象をごく簡単に述べる。実施事項は非常に多岐に及び、金融機関側の負担も非常に大きくなる。その意味でも事故・不祥事件の抑止が求められることは言うまでもない。

イ 把握情報の報告

行職員が事故・不祥事件に関係する情報を聴取した場合、もしくは自身によって事故・不祥事件を発見した場合には、即時にリスク管理・コンプライアンス部門へ報告する。

【解説】

日常の活動に加え、監査部監査・店内検査や顧客からの問合せ・苦情により事故・不祥事件もしくはこの兆候を把握した場合には、すみやかに金融機

関全体に周知する必要が生じる。この際に、迷うことなく連絡を行わせるような周知が必要となる。

ロ　緊急連絡

　リスク管理・コンプライアンス部門は、判明した内容を直ちに事故・不祥事件発生部門のリスク管理・コンプライアンス担当者に連絡する。事故・不祥事件発生部門のリスク管理・コンプライアンス担当者は、現状についてすみやかにリスク管理・コンプライアンス部門宛てに返答する。

【解説】

　発覚後には、被疑者本人の状況のほか、金融機関全体の単位で類似・同種の事故・不祥事件の追加調査が必要となる可能性等が生じるが、その前提として初期状況の早期把握は欠かせない。なお、通常、部店ごとに任命されるリスク管理・コンプライアンス担当者自身が被疑者となる可能性もあるため、緊急時の代行者の任命や代位のルール等をあらかじめ定めておくことも必要である。

ハ　該当判断

　役職員の行為が「事故」や「不祥事件」に該当するか否かの判断は、リスク管理・コンプライアンス部門が報告情報をもとに決定する。報告情報だけでは判断が困難な場合には、リスク管理・コンプライアンス部門により所要調査を行う。

ニ　"第一報"の報告

　事故または不祥事件に該当すると判断した場合には、リスク管理・コンプライアンス部門は"第一報"を関係部門・役員等に報告する。

ホ　対策本部の設置

　事故または不祥事件に該当すると判断し、かつ当該事案が金融機関の事業運営に重大な影響を与えることが見込まれる場合、事故または不祥事件対策本部を設置する。

　当該対策本部は、発生原因の調査のほか、関係者への対応や再発防止策の

策定等について主管し、必要に応じて指示発信や報告受領の主体となる。

ヘ　発生原因の調査・解明

　事故または不祥事件の原因や経過については、リスク管理・コンプライアンス部門と監査部門が協調し、他部門と連携のうえ、早急に調査を実施し解明を図る。

【解説】

　これまでの金融犯罪における被疑者本人の動向としては、内部調査に先行した警察当局による逮捕・拘束のほか、失踪・入院・自殺等により、接触そのものができなくなる事例も少なくない。この一方、入院した本人と接見した弁護士等代理人に接触を制限されることや、こうした代理人から示談を持ち掛けられることもある。こうした対応に伴う負担感は相応のものがあり、万一の把握・発覚時には、あくまでも組織で対応することが必要であるとあらためて認識しておく必要がある。

ト　責任の所在の明確化

　リスク管理・コンプライアンス部門は、把握内容をもとに事故・不祥事件の責任の所在を明確化する。

チ　関係者への対応

　リスク管理・コンプライアンス部門、もしくは事故または不祥事件対策本部は、関係部門と連携し、関係者への対応を図る。

　(イ)　被害者への対応

　事故・不祥事件の発生に伴って被害者となった者に対しては、すみやかに謝罪のうえ、状況説明等の対応を行う。また、事故・不祥事件の終結段階や途中の過程においても必要に応じて適切な説明を行う。

　(ロ)　行政機関等への対応

　監督当局や日本銀行に対しては、窓口部門よりすみやかな説明を行い、その後も随時進捗を報告する。

【解説】

実態としては、監督当局等から対外公表をはじめとする事後対応についての指導や示唆を受けることも少なくない。

(ハ) 警察等への対応

刑事法令に抵触している可能性のある事故・不祥事件については、必要に応じて警察等必要な機関に連絡する。警察等の機関側から捜査協力要請が寄せられた場合には、おもにリスク管理・コンプライアンス部門を窓口にしてこれに応じる。

【解説】

悪質性・犯罪性が強い場合や被疑者の失踪・逃走等がある場合、さらには所轄警察署が告発状を受理しているような場合等には、警察側より容疑者逮捕への側面協力の意味で、事故・不祥事件の公表自体を控えるよう要請されることもある。

(ニ) 弁護士等への対応

必要に応じ、顧問弁護士等に連絡し、諸事項の対応についてのアドバイスを求める。

(ホ) 取引先等への対応

取引先等への対応にあたっては、以下の手順にのっとって実施する。

① 金融機関側から説明を行う対象取引先の選定と説明時の情報還元

株主・出資者や融資先等の取引先のうち、金融機関側から事情説明を行う必要のある対照先を選定し、説明を実施する。

選定は、金融機関経営に対する影響度等を勘案のうえ慎重に行う。また、説明対応内容はすべて面談記録のかたちで作成し、リスク管理・コンプライアンス部門宛てに報告する。なお、特に問題が生じた場合等には、面談記録の作成に先立って実施者からリスク管理・コンプライアンス部門宛てに口頭による連絡を即座に実施する。

② 取引先側からの照会等に対する留意事項

取引先等からの照会等に対する初期対応には、以下のとおり留意する。

> （順不同）
> ・取引先が店頭に訪れるかたちで直接照会が寄せられた場合や、店舗に電話照会が寄せられた場合には、次席者等が対応する。
> ・渉外活動担当者等が顧客先への訪問時に問合せを受けた場合には、当該担当者が対応する。
> ・悪質性をもつクレーマー等上記の初期対応者での説明だけでは解決が困難な場合には、営業店長が対応する。

上記①と同様に、応対内容はすべて面談記録のかたちで作成し、リスク管理・コンプライアンス部門宛てに報告する。なお、特に問題が生じた場合等には、面談記録の作成に先立って応対者からリスク管理・コンプライアンス部門宛てに口頭による連絡を即座に実施する。

(ヘ) 報道機関への対応

広報窓口部門により、以下の報道機関対応等を行う。

① 記者会見の設定

開始日時・実施会場・出席者・事務局ほか役割分担等を決定し、各々の役割に沿って諸準備を行う。

② 記者会見内容の決定

上記①の設定と並行し、想定問答を含む記者会見用原稿の策定やスケジュール・進行表の策定等を行う。

(ト) 自身による対外公表

金融機関ホームページや店頭への説明文掲載等により、必要に応じて一連の経緯を公表する。

リ　対外公表後対応

　公表後の問合せに対しては、上記チ㈭②「取引先側からの照会等に対する留意事項」に準じて行うが、必要に応じ、窓口担当者等への周知用の応対マニュアルをも作成・配布する。

　さらに、必要に応じて払出用現金を手配し、万一の事態に備える。

【解説】

　金融機関ホームページや報道機関による報道後には、顧客をはじめ多方面からさまざまな反響が寄せられる。具体的には、以下の事項等があげられる。

（順不同）
・事故・不祥事件への照会・批判・クレーム
・顧客預金等への照会
・各種解約・払出等依頼
・応援・激励メッセージ

　これら対応のうち最も注意すべきは、信用不安の発生の防止である。対応にあたっては、細心の注意をもって顧客に接触のうえ、各々の声を収集し、どんな小さな噂も無視せずにすみやかにリスク管理・コンプライアンス部門に報告させるスキームとすることが望ましい。

ヌ　再発防止策の策定

　事故・不祥事件発生部門およびリスク管理・コンプライアンス部門ならびに関係部門が連携・協調し、再発防止策を策定する。

【解説】

　事故・不祥事件発覚後には、一連の対外公表後の対応とあわせて、すみやかな再発防止策の策定・実施を余儀なくされる。対応を要する範囲自体が多岐に及ぶが、代表的なものに業務改善計画の策定や当該計画の監督当局宛提

出等があげられる。場合によっては、監督当局側の受理時に各種の指導が加わることや、行政処分が科されることもある。

その後も、監督当局への定期的な報告や、外部を交えての再発防止策の施行、さらに店内検査・監査部監査への内容反映等の対応が求められるなど、関連する事項が続くこととなる。

ル　顛末の報告

事故・不祥事件発生部門は、リスク管理・コンプライアンス部門と連携・協調し、事故・不祥事件発生から再発防止策策定に至るまでの一連の経緯を取りまとめる。取りまとめられた当該経緯は、リスク管理・コンプライアンス部門より取締役会・理事会等へ報告する。

(2)　摘発は救済である

あらためて言うまでもなく、金融機関での事故・不祥事件防止・抑止にあたっては、日常の相互牽制態勢の構築・運用を通じた行職員個々人の未然防止・抑止に向けた意識・行動が求められる。

一方、各金融機関がこれまでさまざまな取組みに注力し、また、他の金融機関における事故・不祥事件を傍らで眺めつつ、自身のところでも防止・抑止策を図ってきたなかにあっても、残念ながら金融業界全体では事故・不祥事件が途切れることはなく、現在に至るまで断続的に発生しているという現実もある。

こうした現実をかんがみれば、今後も、金融機関における事故・不祥事件を完全になくすことはむずかしいと考えるべきであろう。逆説的には、いまなお表面化していない現在進行形の事故・不祥事件や予備群が潜んでいると考えるほうが自然であろう。それをあらためて認識したうえで、なんらかの予兆や兆候を把握した時点で組織をあげてすみやかな実態把握を図り、善後策を講じる必要がある。

そもそも、金融機関での日常業務は、与信先ほか非常に多くの顧客の動向

を同時並行的にすみやかに把握のうえ、各々に対して所要オペレーションほか善後策を講じる必要がある。このため、率直にいって非常に多くの人手自体を必要とする。実態として、多数の行職員があくせくと常態的に動き回っている状態であり、「有能な人が一人いればできる」という種類の業務ではないのである。

このため、たとえ監査部門・リスク管理部門といえども、すべての行動を把握することはそもそも不可能である。よって現実的な対応施策としては、コンプライアンス・プログラム等に基づく啓蒙・触発活動の定期的実施等を通じて倫理観に訴えるとともに、既述のとおり、判断を誤らせてよこしまな気持ちを起こさせないように行職員が相互に牽制し合うこととなろう。こうしたなかで、万一、何かを引き起こしてしまった場合や、そのような兆候を感じ取った場合には、当事者・認識者にすみやかに申し出てもらい、組織で善後策を講じる必要があろう。その意味では、「内部における摘発＝救済」につながるとも考えられる。

金融犯罪に伴って得られる対価は小さく、これに比べて代償はあまりにも大きい。司法判断としても、内部行職員に対する量刑は厳格化の方向が示されているようだ。

身内の段階で不正の兆候を把握し摘発することは、被疑者本人にとっても金融機関にとっても望ましい。ふとしたきっかけで魔が差した職員に手を差し伸べることは、救済にほかならない。行職員に対し「摘発＝救済」の意識を徹底させることが望まれる。

他方、相互牽制の意味や必要性自体に理解は示しつつも、「何かを感じた行職員にすみやかに他者に報告してもらう」ことに対する心理的なハードルは非常に高い。以下にそのうちの典型的な特徴を述べる。

イ　心理的な抵抗感

著者自身が、不祥事件等発覚後の再発防止への協力にあたって関係者と懇談させていただくことはままあるが、面談時には「いま考えてみれば……」

あるいは「何かおかしいなとは思っていたが……」等の振返りのコメントを聞くことも少なくない。このようなコメントに代表されるように、実際のところ、日本人的な行動様式のなかでは、たとえ不審感を抱いても、それを他者に通知するにはまずもって躊躇するというのが大多数の行職員の本音であろう。

特に、事故・不祥事件の"舞台"としてその多くを占める営業店では、もともとの人間関係が家族的かつ濃密であり、意識の根底にある「他者を信じたい」と願う気持ちや「疑って告発したところで、もし結果が"シロ"だったら……」という思いが横たわっている。

□ 「摘発よりも修正」の行動様式

金融機関の預金・融資取引等に伴う事務手続は、もともと非常に多量かつ煩雑である。さらに、顧客都合や依頼に基づく異例取引・特別扱処理等を行えば、その分が上乗せされることになる。また、個人情報保護法施行等に伴い、近時新たに取扱いを余儀なくされ始めた事務手続もこれに加わるかたちとなった。

この一方で、ローコスト化・少人数対応化を強いられる取扱現場では、窓口・後方・融資・渉外活動などの担当者の別を問わず、行職員の業務知識が十分に修得されない段階においても多種多量の業務をこなさなければならないという実態下にある。この結果、犯罪性がみられず、顧客側の損害もほとんどみられないような、"事務過誤"とでも呼ぶべき段階の処理相違も多数に及ぶこととなっている。

当該過誤のなかには、金融機関側が気づく以前に顧客側からの問合せや指摘によって気づかされるものも少なくない。これらの影響により、行職員には顧客からの照会に対して、日常から悪い意味での慣れがある。最悪の場合には、犯罪性の高い事象を含む問合せに対しても、その重大性に気づかぬまま担当者に連絡するなど慣例的に対応してしまい、結果として問題を看過させてしまうということにもつながってしまう危険性をはらんでいる。

さらには、第3章の解説（後述）のとおり、いまなお多くの金融機関の店内検査は、内部における不正摘発等よりも事務取扱いに係る不備事項の修正・整備に重きを置いているという実態下にある。このことも、修正・整備への慣れに拍車を掛けている。

ハ　「まずは何があっても部門長に相談」の意識

　金融機関においては、各部門長の権限が明確に定められており、通常業務の執行に関するほぼすべての決済もしくは報告がなされているといっても過言ではない。なかでも、そうした傾向は営業店においてより顕著となっている。

　このため、一般行職員は、「判断に迷ったら役席者に、最終的には営業店長に」という行動が徹底され、意識面でも刷り込まれている。日常においても、営業店長に尊敬の念をもって接してもいる。

　他方、これまでの事例をみる限り、実際の金融犯罪の当事者は、一般職や役席者にとどまらず、尊敬や職責を裏切るかたちで営業店長や役員にまで及んでいる。それにもかかわらず、一般の行職員は、巷で起きている事象を知りつつも、総じて「うちの部門長に限って……」の"対岸の火事"の意識で臨んでいることが少なくない。このため、いつもとはやや趣の異なる問合せが顧客側から寄せられたような場合にも、いつもと同様に「まずは役席・部門長に」の意識のもと、通常どおり報告をしてしまう。いわば、"（逆）ハロー効果"ともいえるようなものであろうか。

(3)　だれにでもできるわけではない"番人"という役割

　行職員各自は、上記(2)で記した内容に納得をみせる一方、実効性を伴う相互牽制体制の構築・運用はなかなかむずかしい。それゆえに先導者も必要となり、その役目を監査部門に求めることとなる。

　監査・検査の重要性はこれまで述べてきたとおりであり、各金融機関においては、今後も重要性を訴え、技術的にも実施手法の見直しを随時図ってい

く必要がある。この一方で、「保守的・堅実で変化を望まない」という金融機関の企業文化のなかにあって、行職員が劇的に意識・行動を変革させてくれることはそう簡単には期待できない。

　あらためて言うまでもなく、本意見は、見直しの有効性自体を否定するものではなく、実態を直視したうえで現実的な対応を図るべきであることを述べたものである。担当者やその周辺だけでは事故・不祥事件は防ぎきれないと考えるのが自然であろう。それゆえに、監査部門等の役割が期待されることとなる。

　事故・不祥事件防止の有効化にあたっては、さまざまな手段が示されているものの、本質的には牽制機能の強化が必要ということに落ち着くのではないだろうか。

　金融業務は人間の手によってなされる部分が相対的に多い業務であり、その担い手となる人間とは、そもそも弱いものである。この弱さには、先に述べた「誘惑に駆られる」面だけでなく、面倒なものについて「わかっていてもついつい後回しにしたくなる」面なども含まれる。「放っておいたらまずい」あるいは「いつかはやらなければ」と思いつつも、すぐさま取り組むことはなかなかできない、ごく普通の金融機関行職員であれば、だれしもそうした面をもつ。

　組織として、金融機関全体としてそれを戒め、結果として全員が泣くような事態に陥らせないためには、時にだれかが"番人"となってでも、それを防ぐことが求められる。性善説に任せきれないのが人間であり、それは金融機関勤務者とてまったく変わらぬ性質なのである。

　監査部門には、いってみれば"抑止の拠点"としての指導力が問われる。「隠すことをさせない」ためには性善説によって行職員を信頼するだけでは不十分であり、時に別の視点でそれをチェックする役割も必要となる。

　きわめて重要な責務を担う一方で、時に耳の痛いことをいわなければならず、表面的にも必ずしも歓迎されない監査部門所属行職員は、だれにでも

きるものではない。しかしながら、近時の金融機関を取り巻く環境をかんがみても、そのような役割が求められること、むしろそうした重要性がますます高まっていることはあらためて言うまでもない。

　政情不安を抱える国家では、治安を取り締まる警察機構から腐敗が始まるといわれる。だめなところはここから腐るのである。よって、やや大仰な表現となるが、監査部門所属行職員には、ある種の社会正義の実現を担うための意思・意欲も必要となろう。特定の役職員や部門に"手心"を加えることは、腐敗と同様の結果をもたらす。"諸刃の剣"はその取扱者を選ぶのである。

　また、次章以降で詳しく述べるように、生き残りを賭けて事業見直しを図っている各金融機関においては、日々新たな業務進展・拡張あるいは合理化が実行されている。視点を変えれば、それは同時に新たなリスク管理が必要となることを意味する。ゆえに、監査部門所属行職員には、世の中の動きに常に感度よく反応し、知的好奇心をもって対応する姿勢が問われる。

　率直にいって、監査部門所属行職員に休んでいる暇はなく、"定年までの退避ポスト"の意識ではもはや務まらないのである。

　こうした情勢のなか、金融機関によっては、30歳代行職員の監査部門への配属や、中途採用による監査部門への梃入れ人事も散見されるようになった。これらは、監査部門に対する要請の強さを反映している事象と見込まれる。

第 2 章
監査部門監査の実効性向上のために

I 実効性向上が求められる背景

(1) 止まらない事故・不祥事件

　非常に残念なことであるものの、金融機関役職員による事故・不祥事件は継続的に発生しており、事態はすでに由々しき段階にある。

　預金者をはじめとする顧客は、金融機関の事業運営体制を信頼・信用するからこそ、"命の次"に大事な金銭のやりとりを託す。それゆえに「内部で事件ばかり起こしているような問題のあるところには、おちおち財産を預けられない」と考える。オーバー・バンキング環境のもとで顧客から金融機関が選別されているなかにあって、このようなダメージは非常に大きい劣後要因となる。

　近時の事故・不祥事件頻発の事態は、これまで金融業界に奉職・尽力され、その結果わが国経済発展にも寄与された緒先輩たちの貢献を無にする行為であり、著者を含めた現役世代が責任をもって抑止・撲滅のために努力しなければならない。信用を失うことはたやすく、失った信用を取り戻すことは大変な苦労を要する。それだけに、事故・不祥事件の抑止・撲滅は避けては通れないのである。これは、金融業界全体の問題といえる。

(2) 待ったなしの再発防止策有効化

　事故・不祥事件は、その発生のつど、各金融機関で原因究明や再発防止措置が図られる。それらを記者会見の席上で発表する姿がもはや珍しくないという事態が、問題の根深さを象徴しているようだ。

　この一方で、「言うは易し、行うは難し」の諺のとおり、再発防止措置発表後に期間を置かずに事故・不祥事件が再発生し、結果としては再発防止策が機能していなかったことが立証されてしまうケースも珍しくない。過去に

は、記者会見の席上で、記者からそれを追求されて立ち往生する姿が報道されたこともある。

　事故・不祥事件の把握後に対応を要する事項は非常に多岐にわたるが、根源的に必要となる事項は、①（直接の事故・不祥事件に加えて）他の事故・不祥事件の把握、②再発防止策の策定・実施、ということになろう。この一方で、第1章でも述べたとおり、金融犯罪にはだれもが当事者になりうる怖さがあり、（当初の）事故・不祥事件とまったく無関係な他の役職員が新たな事故や不祥事件を起こしても「再発防止策が機能していない」と解釈されてしまうという一面をもつ。

　事故・不祥事件発覚後に再発防止策が早期かつ有効に機能するか否かは、文字どおり金融機関の生死を分けかねない。対策には全組織をあげて臨む必要があり、全員が役割に応じた担い手とならなければならないが、このことを全役職員に徹底して刷り込み、当事者意識を備えさせることは必須条件となる。さもなければ、職場がなくなってしまうことを強く訴えることも必要となる。

図表2−1　2009年度中　行政処分事例

日付 （公表日）	金融機関 等名	根拠法令	処分の 種類	処分の 内容	主たる処分原因	主たる契機
09/4/3	福島銀行	銀行法	業務改善命令	内部管理態勢強化等	法令等遵守に係る内部管理態勢の不備	分配可能額を超える配当の実施
09/4/24	中央商銀信用組合	協金法（銀行法）	業務改善命令	内部管理態勢強化等	法令等遵守に係る内部管理態勢の不備	職員による横領
09/5/29	しずおか信用金庫	信金法（銀行法）	業務改善命令	内部管理態勢強化等	法令等遵守に係る内部管理態勢の不備	職員による横領
09/5/29	上田信用金庫	信金法（銀行法）	業務改善命令	内部管理態勢強化等	法令等遵守に係る内部管理態勢の不備	職員による横領

09/ 5 /29	飛騨信用組合	協金法（銀行法）	業務改善命令	内部管理態勢強化等	法令等遵守に係る内部管理態勢の不備	不祥事件届書未提出
09/ 6 /10	百十四銀行	銀行法	業務改善命令	内部管理態勢強化等	経営管理および法令等遵守に係る内部管理態勢の不備	不適切な融資
09/ 8 / 7	新発田信用金庫	信金法（銀行法）	業務改善命令	内部管理態勢強化等	法令等遵守に係る内部管理態勢の不備	職員による横領
09/11/20	日新信用金庫	信金法（銀行法）	業務改善命令	内部管理態勢強化等	法令等遵守に係る内部管理態勢の不備	職員による横領
09/12/ 4	ゆうちょ銀行	銀行法	業務改善命令	内部管理態勢強化等	法令等遵守に係る内部管理態勢の不備	職員による横領等
09/12/ 4	郵便局会社	銀行法	業務改善命令	内部管理態勢強化等	法令等遵守に係る内部管理態勢の不備	職員による横領

（資料：金融庁ホームページより著者作成）

図表2－2　近時の再発金融機関

発生件数	金融機関	業態	都道府県※1	発生日時※2	容疑	役職	年齢	金額
23	大崎町井俣簡易郵便局	郵政グループ	鹿児島県	06/12/ 7	横領	局長	54	46万円
	伊方郵便局	郵政グループ	愛媛県	06/12/31	着服	主任	41	1,050万円
	広島東郵便局	郵政グループ	広島県	07/ 1 /16	詐欺	局員	49	500万円
	尾張旭三郷郵便局	郵政グループ	愛知県	07/ 1 /23	横領	郵便局長	52	126万円
	大阪城東郵便局	郵政グループ	大阪府	07/ 1 /25	横領	局員	30	100万円

木花郵便局	郵政グループ	宮崎県	07/1/26	窃盗	非常勤局員	29	1万円
東方郵便局	郵政グループ	宮崎県	07/2/19	横領	非常勤局員	46	20万円
昼間郵便局	郵政グループ	徳島県	07/6/8	横領	局員	46	502万円
笠松郵便局	郵政グループ	岐阜県	07/6/15	横領	課長代理	34	137万円
西宮荒木郵便局	郵政グループ	兵庫県	07/6/15	有印私文書偽造・横領	郵便局長	60	2,700万円
岩見沢郵便局	郵政グループ	北海道	07/7/20	窃盗	非常勤局員	29	30万円
高槻竹の内郵便局	郵政グループ	大阪府	07/7/20	電子計算機使用詐欺	主任	36	300万円
大阪宇治電郵ビル内郵便局	郵政グループ	大阪府	07/7/30	横領	局長代理	38	123万円
高知東郵便局	郵政グループ	高知県	07/8/29	着服	非常勤局員	35	91万円
船橋郵便局	郵政グループ	千葉県	07/9/11	窃盗・横領	主任	33	423万円
表郷郵便局	郵政グループ	福島県	07/9/14	着服	総務主任	48	1,450万円
笠松郵便局	郵政グループ	岐阜県	07/10/30	横領	課長代理	34	137万円
西之表住吉郵便局	郵政グループ	鹿児島県	08/5/21	横領	局長	45	50万円
蒲原諏訪町郵便局	郵政グループ	静岡県	08/8/20	横領	局員	52	91万円
ゆうちょ銀行	郵政グループ	奈良県	09/1/6	着服	課長	52	236万円

	郵便事業会社	郵政グループ	兵庫県	09/3/26	窃盗	郵便課長代理	53	175万円
	ゆうちょ銀行	郵政グループ	愛知県	09/6/26	詐欺	行員	55	570万円
	阪神御影駅前郵便局	郵政グループ	兵庫県	10/2/26	詐欺（逮捕）	女性主任	49	1,000万円
6	西日本シティ銀行	地方銀行	福岡県	06/12/27	着服	行員	44	2,360万円
	西日本シティ銀行	地方銀行	福岡県	06/12/27	着服	行員	32	100万円
	西日本シティ銀行	地方銀行	福岡県	07/4/23	着服	行員	36	1,201万円
	西日本シティ銀行	地方銀行	福岡県	07/6/15	着服	行員	47	1,508万円
	西日本シティ銀行	地方銀行	福岡県	07/7/11	詐欺	支店長代理	38	2,980万円
	西日本シティ銀行	地方銀行	福岡県	08/10/25	詐取	派遣行員	50	250万円
	山梨県民信用組合	信用組合	山梨県	08/2/6	横領	主任	36	2,000万円
	山梨県民信用組合	信用組合	山梨県	08/10/23	着服	職員	30代	1,600万円
	山梨県民信用組合	信用組合	山梨県	08/10/23	着服	職員	20代	300万円
	山梨県民信用組合	信用組合	山梨県	08/11/21	着服	支店次長	40代	4,200万円
	山梨県民信用組合	信用組合	山梨県	08/11/21	着服	本部調査役	50代	13,000万円
	山梨県民信用組合	信用組合	山梨県	10/6/25	着服・流用	副調査役	41	8,900万円
4	大分銀行	地方銀行	大分県	07/2/13	着服	嘱託行員	55	5,700万円
	大分銀行	地方銀行	大分県	07/3/2	着服	行員	55	1,000万円

大分銀行	地方銀行	大分県	07/5/11	流用	行員	40代	50万円
大分銀行	地方銀行	大分県	07/5/11	着服	行員	42	233万円
佐賀銀行	地方銀行	福岡県	06/12/5	着服	行員	40代	153万円
佐賀銀行	地方銀行	長崎県	06/12/5	着服	派遣行員	40代	44万円
佐賀銀行	地方銀行	佐賀県	07/1/26	着服	行員	50代	110万円
佐賀銀行	地方銀行	福岡県	09/5/8	着服	副長	44	3,741万円
親和銀行	地方銀行	福岡県	07/2/28	着服	行員	46	1,741万円
親和銀行	地方銀行	長崎県	07/9/3	横領	行員	47	300万円
親和銀行	地方銀行	長崎県	07/11/22	着服	行員	40	200万円
親和銀行	地方銀行	長崎県	08/7/15	着服	課長	46	6,300万円
豊和銀行	第二地方銀行	福岡県	07/11/2	流用	行員	41	145万円
豊和銀行	第二地方銀行	福岡県	07/11/2	着服	行員	40	3,800万円
豊和銀行	第二地方銀行	福岡県	07/11/8	着服	行員	35	2,900万円
豊和銀行	第二地方銀行	大分県	09/5/29	着服	次長	50	1,488万円
きらやか銀行	第二地方銀行	山形県	07/7/23	窃盗	行員	45	2,738万円
きらやか銀行	第二地方銀行	山形県	07/12/21	浮貸し	課長	41	2,282万円
きらやか銀行	第二地方銀行	山形県	08/5/19	着服	渉外行員	42	450万円

	銀行名	業態	都道府県	年月日	種別	地位	年齢	金額
	きらやか銀行	第二地方銀行	山形県	10/4/12	業務上横領（逮捕）	行員	41	7,725万円
	高鍋信用金庫	信用金庫	宮崎県	07/11/30	着服	次長	44	625万円
	高鍋信用金庫	信用金庫	宮崎県	07/11/30	着服	支店長代理	35	1,497万円
	高鍋信用金庫	信用金庫	宮崎県	09/8/28	着服	支店長	55	600万円
	高鍋信用金庫	信用金庫	宮崎県	09/12/1	着服	職員	25	81万円
	大分県信用組合	信用組合	大分県	06/12/14	着服	支店長代理	47	277万円
	大分県信用組合	信用組合	大分県	09/4/10	着服	渉外係	27	8,200万円
	大分県信用組合	信用組合	大分県	09/4/10	着服	渉外係	34	1,100万円
	大分県信用組合	信用組合	大分県	09/4/10	着服・流用	渉外係	33	6,000万円
3	みずほ銀行	都市銀行	埼玉県	07/1/25	横領	行員	45	1,500万円
	みずほ銀行	都市銀行	岐阜県	08/9/26	詐欺	嘱託行員	54	100万円
	みずほ銀行	都市銀行	東京都	09/6/6	詐欺	行員	52	12万円
	百十四銀行	地方銀行	香川県	07/12/27	着服	行員	35	2,000万円
	百十四銀行	地方銀行	鳥取県	08/7/17	着服	行員	59	800万円
	百十四銀行	地方銀行	大阪府	09/11/16	特別背任	支店長ら2名	55	95,000万円
	福岡銀行	地方銀行	福岡県	07/6/27	着服	パート行員	25	60万円

福岡銀行	地方銀行	福岡県	07/11/16	着服	行員	41	205万円
福岡銀行	地方銀行	福岡県	07/12/3	着服	行員	41	205万円
みちのく銀行	地方銀行	青森県	07/1/26	着服	嘱託行員	36	895万円
みちのく銀行	地方銀行	青森県	07/6/8	着服	行員2名	―	576万円
みちのく銀行	地方銀行	青森県	08/12/22	着服	パート行員	57	5,649万円
千葉信用金庫	信用金庫	千葉県	07/7/27	着服	支店長	49	12,500万円
千葉信用金庫	信用金庫	千葉県	08/5/15	横領	支店長	50	12,500万円
千葉信用金庫	信用金庫	千葉県	09/8/26	着服	職員2名	52、49	5,900万円
鹿児島信用金庫	信用金庫	鹿児島県	08/12/19	着服など	職員ら数名	―	3,320万円
鹿児島信用金庫	信用金庫	鹿児島県	09/4/24	着服	職員	36	103万円
鹿児島信用金庫	信用金庫	鹿児島県	09/4/24	着服	職員	56	289万円
銚子商工信用組合	信用組合	千葉県	09/4/24	着服	職員	41	7,940万円
銚子商工信用組合	信用組合	千葉県	10/2/4	業務上横領（逮捕）	職員	43	900万円
銚子商工信用組合	信用組合	千葉県	10/6/17	着服	パート職員	42	4,082万円
九州労働金庫	労働金庫	福岡県	07/3/16	着服	職員	34	3,104万円
九州労働金庫	労働金庫	宮崎県	08/6/25	着服	職員	52	78万円

九州労働金庫	労働金庫	鹿児島県	08/6/25	着服	職員	43	1,000万円
JAいずも	農業協同組合	島根県	07/9/20	着服	職員	43	1,319万円
JAいずも	農業協同組合	島根県	08/8/2	着服	職員	52	225万円
JAいずも	農業協同組合	島根県	08/8/2	着服	職員	38	863万円
JA高千穂地区	農業協同組合	宮崎県	08/4/16	着服	準職員	26	180万円
JA高千穂地区	農業協同組合	宮崎県	08/4/16	横領	準職員	30	710万円
JA高千穂地区	農業協同組合	宮崎県	08/4/16	着服	職員	30	1,180万円

※1 不祥事件発覚時の容疑者所属部門の立地する都道府県を記載。
※2 警察または金融機関の事件発表時点を記載。
(資料：㈱日本金融通信社「ニッキン」平成19年8月17日、8月24日、12月14日、12月21日、平成20年8月22日、12月19日、平成21年8月21日、8月28日、12月18日、平成22年8月20日、8月27日紙面より著者作成)

2 監査部門自身が抱える課題

(1) 所属行職員の士気・意欲向上施策

　事故・不祥事件防止にあたっては部店を問わず、行職員全員が互いに協力しながら手段の有効化を推し進める必要がある。とりわけ、監査部門の行職員は、実務対応を主導するきわめて重要な役割を担うこととなる。

　監査部門の行職員には、各種の業務を詳細部分までよく理解し、実態をふまえたうえで効果的かつ現実的な対応を考慮し、他部門とともに解決に取り組む姿勢が問われる。このため、人選にあたっても初級者を配置することは

むずかしくなり、いきおい「実態をよく知る経験豊富なベテランを中心に」という意向が働くことが多くなる。率直にいって、ポスト不足のなかでベテランの処遇に悩む人事部門にしてみれば、そうした人材を割り当てる先がほしいという本音もある。

　こうした背景のもと、監査部門所属行職員の平均勤続年数・年齢は総じて高く、なかには「部門長以外はすべて役職定年者」「所属行職員の平均年齢が60歳近く」等の大ベテランしか配属されていないような金融機関も散見される。

　他の業務と同様に、監査部門の監査においても、その実効性は、所属行職員の質・量に比例する。すなわち、実績のいかんは、能力を備えたスタッフを必要十分に手当したうえで有能な部門長ほかのリーダーシップが発揮されるかどうかによって決まる。

　監査業務は経営の行く末をも左右しかねないきわめて重要な業務であることが全般的に認識されているものの、地味で、なかなか"光"が当たらず、個別事象としては、監査のために臨店しても歓迎されることは少ない。このため、配属希望者が多数に及ぶことはまずなく、ともすれば異動が告げられても嫌気されるという様子もみられる。もとより、"守備"面の仕事は「エラーがなくて当たり前」という意識の一方で、プラスアルファの"加点"そのものがあまり行われていない。経営側からも「ミスはゼロに」と要求水準が高止まりしがちな一方で、失敗に対する"帳消し"もなかなかむずかしいという実態も散見される。失敗に気持ちが沈む一方で、挽回機会がなかなか与えられなければ、希望者はおのずと集まりにくくなるのはごく自然な流れとなる。

　一方、近時の金融機関の業務の広範囲化・深化は、時を同じくして各種リスクの種類や分量の増大をももたらした。よって、新たな業務を取り扱う際には、リスク管理部門や監査部門側にも背後に潜むリスク実態の事前評価（assessment）にかかわらせるとともに、回避実態や調整（control）状況を

も把握し、すみやかに経営側に情報還元を行い、必要に応じて改善策を示唆することが望まれる。平たくいえば、業務の変遷を常時追いかけていかなければならず、止まることは許されないのである。これは、非常に難解かつ大きな負荷となるため向き合う当事者側にも非常に大きなエネルギーが求められることとなる。

著者は、実務における発揮能力を「能力＝知識×意欲」の構成要素でとらえている。能力向上のためには双方の向上が不可欠であり、双方は互いに相関しているとも考える。繰り返しになるが、能力の一方は意欲面であり、取組意欲なしにはこのような「後回しにできない」業務に向き合い続けていくことはむずかしい。

このような要求の一方で、先述の嫌気等を背景として、実際の監査部門の所属行職員は必ずしも士気・意欲に富む者ばかりではない。加齢とともに体力も低下してくるベテラン行職員に対して、意欲的でエネルギッシュな姿勢を求めるのもはばかられるという心理・心情も働く。こうしたことが、監査部門の部門長や人事部門の悩みともなっている。

これら実態は、ある種の理想と現実のギャップの典型ともいえ、士気・意欲を高めることを意識する必要に直結する。監査業務に限らず、ある程度年次・年齢を重ねた後にあらためて意欲を沸き立たせることはむずかしいが、たとえ対象者がベテランであれ、内部監査を取り巻く環境がこれだけ変化し、喫緊性も高い昨今にあっては、すみやかに改善策を講じる必要がある。

具体的には、以下の観点に着目することが考えられる。対応施策とあわせて、ごく簡単に示させていただく。

イ　所属行職員各自に当事者意識をもたせること

およそ学習・修得等の知見を得る行為の類は、皆例外なく自身が必要性を深く認識し、自らの意思で向き合わない限り意味をなさない。自分自身が「やらなければ」の意識をもたない限り、知識は血肉にならず、それらを活用した行動にも結びつかないのである。人が育つプロセスの本質は、基本的

にはそれが「自学」のプロセスであることである。自分で学ぼうとしなければ、自分で育とうとしなければ、人は育たないのである（伊丹敬之／加護野忠男『ゼミナール経営学入門［第3版］』日本経済新聞社、403頁）。

つまるところ、"やらされている感"をもつことなく自身で「行動を変えよう」と認識しなければ、どれだけ教材をそろえても効果は期待できないのである。

他方、ごく普通の行職員がだれの影響も受けずに自分一人だけで"悟り"を開き、必要性を十分に認識して意欲をもつこともむずかしい。つまり、他者とのかかわりだけが対象者を変える契機になると考える。監査部門配属者への当事者意識の具備にあたっても、当該観点が有効と考えられることから、「他者とどうかかわれば有効化が見込めるか」に着眼した方策を以下に例示する。

(イ)　「顧客の声」の還元

職業人として一番の喜びの1つは、業種や職種を問わず、顧客から評価されることである。

株主や経営陣の目となり耳となる役割が求められる監査部門では、理屈の上ではこうした層が顧客となるため、こうした層に評価を求めていくこととなるが、実態をふまえれば、こうした層に加えて、全監査対象部門から評価されることも可能となる。

具体的には、監査を通じてそれまで受監部門側に認識されていなかったリスクを気づかせ、さらに対応施策についても示唆・助言を行ったことへの評価を求めることが可能となる。この際肝心なことは、単なる指摘にとどまらず、これに加えて可能な限り具体的な善後策を考え、先方に伝えることである。

評価すなわち"顧客の声"の収集にあたっては、①受監後の事後対応報告書（図表2－3）への記載事項からの収集、②監査対象部門・監査部門担当役員への報告時の聴取、③業務を所管する本部等への報告時の聴取、等が考

図表2-3　受監後の事後対応報告書（例）

```
「監査結果示達内容に対する回答書／監査受監部門記入」

1．監査における指摘事項に対する調査結果

2．指摘事項に対する再発防止策
　(1) 部店内への具体的周知手段・方法

　(2) 店内検査ほか具体的事後確認手段・方法

3．今般の監査受監により認識できた事項
　(1) 事実認識・リスク認識に関する事項　　　該当箇所

　(2) 再発防止策策定・実行に関する事項
```

えられる。「どんな場合にだれからどんなことを伝えられ、それがどう業務に役立ったか」の事実を第三者も知ることとなれば、評価された者の意欲向上も期待できる。

　場合によっては外部コンサルタント等に高額な対価を払ってまで自身の問題点を知り、各種対応を必死に考えようとしている金融機関が散見されるなかにあって、監査部門の所属行職員一人ひとりが"実態をよく知る第三者"の視点で課題認識・解決にあたって尽力できる余地はいまだ相応に残されていると見込む。こうした活動を通じ、さらに尽力を促す意味は小さくない。

　㈹　競合先・他地区金融機関行職員動向の確認

　低成長経済とわが国全体のオーバー・バンキングのなかにあって、いまなお金融機関は激しい競争実態下にある。このような実態下では、直接の競合相手先に加え、他地区の金融機関においても、対象者と同種・類似の業務を行っている行職員がほぼ必ずいることとなっているが、監査業務はそのなかでも典型的なものの1つである。

図表2－4　内部監査部門情報交換会／議題

```
（例示／順不同）
・本部における店内検査の実施状況と高度化策について
・公益通報周知実態の把握法について
・リスク管理部門との情報共有手段について
```

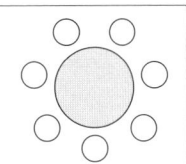

　他の多くの業務と同じく、監査業務においてもローコスト化の一方で、水準や実効性の向上が命題として課されており、結果として、ほぼすべての金融機関の監査担当者の頭を悩ます事態になっている。当該事態をかんがみれば、時に他の金融機関の監査部門の創意工夫を聞き、新たな発想を得るとともにプロフェッショナル意識を揺さぶることで、監査部門所属行職員の業務への取組意欲に火を灯すことが有効にもなる。

　顧客獲得・推進等で競合関係にも至る"攻撃"面に比べ、"守備"面におけるノウハウ共有は比較的たやすい。そもそも、外部との接触事態が少ない監査部門行職員は原始的に相談相手先も少ないことから、お互いに相談ニーズがあることも見込まれる。

　実際に、同一都道府県内で、同業態の金融機関監査部門が自主的・定期的な集まりをもっているような事例もみられる（図表2－4）。

(ハ)　職種変更の可能性を含む"次のキャリア計画"の作成

　対象者に対し、業種や業態の枠を越えて通用するノウハウ・スキルの保有実態を再認識させ、将来への出向・転籍や（再就職を含め）自身の職種変更の可能性についてあらためて思考させることも、特にベテラン層等に有効となることがある。

　序章で述べたように、銀行従業員ほか金融機関行職員全体の大幅な絞り込み傾向が続くなかにあっては、あらためて言うまでもなく、行職員各自も生き残りのための専門知識が問われることとなる。道のりは決して平坦でなく楽ではないものの、結局は自分自身で切り開くしかないことも現実であり、

それをいま一度知らしめることも時に有効となる。

　監査・コンプライアンス重視の経営は、業態を問わず普遍化の動きを示しているだけでなく、今後ますます強まることが見込まれる。こうした流れのなかにあっては、監査部門での在籍経験が次の職場でも活かせる可能性が高いことをあらためて理解させることも、監査部門所属行職員の意欲向上の一助となると考える。

□　監査部門に"光"を当てて評価すること

　意欲減退の背後に「地味で"光"が当たらない」事象があるのであれば、見直しにあたって積極的に光を当てることも一案と見込む。具体的には、以下の方策が考えられる。

(イ)　本部（部門別）表彰制度における評価

　役員や所管本部からさまざまな業務上の指示が出され続ける日常の一方、金融機関行職員が最も強く意識するのは部店や個人別の表彰制度における業績評価である。僚店・他本部との順位づけを通じて競争意識を煽り、それによって金融機関全体の業績伸張を図ろうという当該評価は、部店長をはじめ行職員の賞与査定や昇給・昇格と強い相関をもって運営されることが一般的であり、それが金融機関行職員の気質までもかたちづくっている。率直にいって、行職員の日常の活動に最も影響を与えているのは経営理念や運営方針ではなく業績評価であり、実態として「行職員を動かしている」とまでいえるものである。

　換言すれば、本部・営業店業績評価は最大の指針であり、内容によって金融機関の命運をも左右しかねない。このため、当該評価制度に監査部門の所管する活動を包含させ、順位づけのなかで評価にさらさせることが、"光"を当てる一案となる。端的にいえば、部店での評価項目に占める監査部監査・店内検査の割合を増大させることで、監査・検査への姿勢も如実に変化する。その際、監査受監部店からの評価を反映させることも一案である。

㊁　部店長会議における発表時間の割当て

　金融機関において最も高頻度で開催される会議体のひとつである部店長会議においては、どうしても"攻撃"すなわち業績伸張策が中心に話し合われ、"守備"面は劣後した取扱いとなることも少なくない。

　こうした席上で、留意すべきリスクや少人数運営のなかで効率的・効果的な監査・検査手法ほか実態的なリスク管理施策を説明・議論する時間を設けることができれば、"光"を当てる一案となる。

　なお、こうした会議では本部各部からの一律的な指示・令達を営業店側が受け止めるやや一方的な構図となりがちになるため、文字どおりの「双方向による議論」が展開されるよう議事運営を図ることが望ましく、それが（部店長ほか）参加者の育成機会にもなることは、あらためて言うまでもない。監査部門の行職員にあっては、念のため自身の所属金融機関の実態を検証のうえ、必要に応じ部店長会議それ自体をも監査・見直し対象として実態を詳細に把握し、改善施策をともに考案・示唆し、会議運営の機能化の一助となる姿勢が望まれる。

八　監査部門全体に成果を求めていくこと

　金融機関行職員の個性も各々多様であり、意欲向上のための具体策もどの手法が一番適するかは各々異なる。それらのなかには、自ら主体的に問題意識をもつことを促すほか、「求める」ことで思考・行動等の経験を積ませ、これによって能力向上を図る切口もある。いわば、「宿題」や「締切り」であり、これがなければやらないという業務はだれについても少なくないと見込む。

　監査部門所属の行職員についても、性善説に基づいて良心に訴えるばかりではなく、経営側なり部門統括者なりが明確な要求基準・事項をもって臨むことも一案である。所属職員側がこれに応えられれば評価され、応えきれなければ責めを負うという枠組みのなかで、達成に向けて士気・意欲を向上させることが期待できる。

具体的には、第三者の視点による新たな業務についてのリスク実態の事前評価（assessment）や調整（control）策の考案・実施に係る受監部門ほか他部門への援助等の実施状況・成果についての、人事考課ほかへの反映などが考えられる。業務に潜むリスクの査定を行い、第三者の目から指摘のうえ対応策を考案・示唆することは、リスク管理上きわめて有効な手段でもあることから、こうした動きを加速させることが望まれる。
　以下に、本件に係る切口をごく簡単に列挙する。
　(イ)　成果の検証と信賞必罰
　基本的手順に沿った監査を全監査対象部門に着実に行うことで、範囲や対象にもれがなく、結果として「みていない・対象としていない領域があった」と金融機関全体で後悔することのないよう努めることは欠かせない。これは、監査部門自身が他部門への監査にあたって求めていくことと同一であり、自身が先例となって範を示す必要もある。
　また、事故・不祥事件に限らず、事後対応のなかで内部監査機能が十分に機能したと認められない事象が確認された場合には、相応のペナルティを負うことで、緊張感と責任感に訴えることも一案である。
　(ロ)　所属行職員各自がもつノウハウの洗出しと共有
　実際のところ、監査担当職員個々人の監査能力にも相当に大きな差異があることが一般的であり、それを補うための組織による対応が必要である。ゆえに、個々人がもつ"その人ならでは"の手法・ノウハウの共有化・汎用化が望まれる。
　具体的には、一定の期限を切ってこれらを具体的に促し、それを周囲とともに加工することを通じて監査手法・ノウハウ自体の見直し・高度化への一助とすることがあげられる。
　一例としては、部店長会議等の席上で、これら手法・ノウハウを用いた事例還元を利用部門側に評価させ、それを監査部門の評価指標の1つとすることなどが考えられる。

(2) かさむ業務量への対応施策

　重要性が幾度となく唱えられる一方で、獲得面での収益向上には直接的には寄与しない監査部門は、"平時"にはややもすると地味な印象を与える。このため、全体人員の圧縮等コスト削減圧力のなかで、各部店が人繰りに苦労するような状況下にあっては、時に「大事な監査部門といえどもコストセンターであり、本音でいえばできるだけ少人数の配置ですませたい」という意向も働きがちとなる。

　監査部門への人員配置をめぐっては、一部に「人員総数の１％」なる配置基準を提唱する動きもみられるようだ。しかしながら、この数式では、たとえば行職員総数が100名に満たない金融機関では、端数を切り上げても配属人数は１名ということになり、実態として牽制を図ることもむずかしいこととなる。

　見方を変えれば、費用対効果の勘案・調整は経営そのものともいえる。人的費用をただいたずらにふくらませれば労務倒産を招くこととなる。ゆえに、最少の人数で最大の効果をあげることを考え・実践する必要がある。

　以下に、本件に係る切口をごく簡単に列挙する。

(イ) リスク顕在化時の影響に対する事前評価と優先順位づけ

　たとえ監査部門であっても本部機能の一部にすぎず、他部門と同様に「個別部門判断＜全体最適化判断」の公式が当てはまる。限られた経営資源のなかでの効果の最大化を考えれば、必要となるのは、①事前評価をふまえた全体像の把握、と、②そのうえでの優先順位づけ、ということになろう。さらに、近時の金融機関を取り巻く環境が加速度的に変化していることをかんがみれば、①・②の作業は常態的に行うべきである。

　監査業務に求められる第一の役割、すなわち「実態面の詳細把握」をふまえれば、優先順位づけにあたっての判断基準は、潜在リスク量つまりは顕在化時に与える損害金の多寡ということになる。

図表2-5　監査部門とリスク管理・コンプライアンス部門の関係

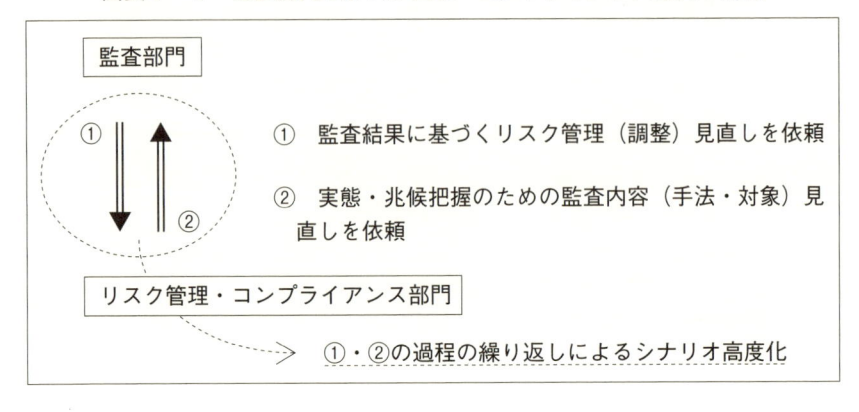

```
┌─────────────────────────────────────────────────────────┐
│   監査部門                                                │
│                                                          │
│    ①↓↑②    ①　監査結果に基づくリスク管理（調整）見直しを依頼 │
│                                                          │
│              ②　実態・兆候把握のための監査内容（手法・対象）見 │
│                 直しを依頼                                │
│                                                          │
│   リスク管理・コンプライアンス部門                          │
│                                                          │
│              ①・②の過程の繰り返しによるシナリオ高度化      │
└─────────────────────────────────────────────────────────┘
```

　なかでも、審査管理部門やミドルオフィス部門によってリスク量の計測や管理がなされている信用リスク・市場リスクに比べ、広範囲で顕在化時の影響も甚大となるオペレーショナル・リスクに着眼する必要がある。いわゆる統合リスク管理の枠組みのなかでも、資本配賦への控除額の算出にあたり、オペレーショナル・リスクは簡便法つまりは業務粗利の15％を計上するだけで実際の測定を行っていない金融機関が大多数に及ぶため、日常において金額ベースでの潜在リスク量が認識されにくい。本来は、リスク顕在化時の直接・間接の影響度合いに応じてリスク管理がなされるべきであり、監査・検査もそれに沿った動きとなろう。実態としては、潜在リスク量の少ない分野・対象について、ある程度切り捨てる覚悟も必要である。

　逆説的には、監査の見直しにあたって、業務の裏側にあるリスクの把握・評価は不可避となる。実務的には、リスク管理・コンプライアンス部門と連携・協調のうえ、リスク実態の事前評価（assessment）を行う過程を通じ、オペレーショナル・リスク管理の高度化に寄与することが望ましい。

　実損額の積上げによるデータ蓄積がなかなかむずかしい地域・中小金融機関にあっては、業務や損失の過程を紐解き解析したシナリオの高度化対応等が現実的な対応と見込まれる。

監査部門の監査結果とリスク管理・コンプライアンス部門のリスク認識・調整が相互に反映するかたちで全体運営がなされることが望ましい。

(ロ) 監査従事者・協力者の実質的拡大

あらためて言うまでもなく、監査業務の最終的な目的は指摘を行うことではなく、業務の検証を通じて安定的な事業運営に寄与し、金融機関の社会的使命の実現の一助となることである。

業務の検証は監査部門だけが行うのではなく、金融機関全体で行っていく必要がある。多岐にわたる金融機関業務は、時に第三者の視点による確認が欠かせない。監査部門は監査を主導する立場であり、金融機関全体での監査の有効化を担う役割が求められている。逆説的には、監査部門に求められる役割には、行職員全員の監査業務自体に対する意識を高めていくことが含まれ、重要な意味をもつ。

その意味では、経験を通じて監査に対する理解を深め、相互牽制態勢構築の一翼を担ってもらうことはきわめて有効な手段となり、監査業務の担い手の実質的な増員と同様の効果がもたらされる。具体的には、臨時監査員としての登用経験を通じた業務修得や店内検査との連携による有効化の実現などが考えられる。

既述のとおり、著者は金融実務における発揮能力を「能力＝知識×意欲」の構成要素でとらえている。能力向上のためには、双方の向上が不可欠であり、監査業務への協力にあたっても、双方の能力向上を求めていく必要がある。

能力向上の一方策としては、事前知識修得や事後検証を通じ、「修得すべき業務知識・ノウハウ」や「日常業務・店内検査に反映すること」を具体的にあげさせ、期限を区切って管理することも有効と考える。

3 （対）本部監査高度化のために

(1) 本部監査にみられる実施状況と課題

　特に、地域・中小金融機関の監査部門における本部監査の歴史はきわめて浅い。このため、意識としてもいまなお本部と営業店の監査が並列・同一視されていない監査部門所属行職員が少なくない。実態面でも、本部監査の重要性を認識しつつも営業店への臨店に劣後していることが少なくなく、「本部監査を高度化させなればならないが、人手がそこまで回らない」趣旨の声をいまなお多数聞く。

　具体的な監査部門所属行職員へのインタビュー時にも、「営業店の現物監査を何より優先させるべき」との意識が徹底されていることを思い知らされる。これらが、長きにわたった旧来の検査実態を通じて「体に刷り込まれた」状態となっていることは、想像に難くない。

　この一方、本部監査が後手に回っている背景には、監査部門所属行職員自身に、①近時の本部業務の変遷そのものに十分な理解がなく、何をやったらよいのか見当もつかず、ついつい知らないことを避けて以前からよく知っている業務のほうに向かう意向が働いていること、同時に、②上席者や経営管理部門から本部監査をせかされるなどの動きがなく、追い込まれていないこと、があげられる。さらにいえば、③新たな分野への取組意欲を欠き、覚えるのもめんどうくさいという思いをもつ者も少なくないこと、もある。つまるところ、「逃げている」あるいは「結果として逃がしている」状態なのである。

　一方、経営者の目となり耳となるべき監査部門は、株主・出資者をはじめとする利害関係人の負託を受けている。よって、経営者の視点をもってあらゆる分野の確認を行う必要があり、本部業務も当然に対象となる。視点とし

ては「ルールにのっとった適切な業務運営がなされているか」はもちろんのこと、オーバー・バンキング競争下にあっては、業務を主管する本部に対しても、「現状においてやるべきこと・やらなければならないことがすみやかにもれなく実施されているか」もカバーされなくてはならないのである。

　それゆえに、監査員は、だれにでもできるものではない。"いぶし銀"の輝きで、各部門の首脳や実務担当者と議論する技能と度量が求められるともいえる。

　理想とは裏腹に、高度化・専門化する本部業務に対する監査は後手に回り、その結果、実態把握が遅れる事例も少なくない。

　以下に、現状においてみられる悪しき実態を例示方式であげる。

（順不同）

例①：毎回同じ周期・対象とし、監査対象部門側に予測や準備が十分に可能な実態となっている。

例②：動態管理実態面の実態把握を含め、"抜打ち"型の監査は行わずにすべて予告・事前通知型の監査としている。

例③：年次の監査頻度に対して、少人数かつ1～2営業日と明らかに絶対時間が不足する対象期間を割り当てる。

例④：投融資・リスク管理など迅速な高度化・専門化が問われる業務の進捗について、対象外とする。

例⑤：保険商品・投資信託ほか他金融機関との提携商品・サービスについて、対象外とする。

例⑥：外部との契約内容・実態について、対象外とする。

例⑦：英語ほか外国語での記載書類について、十分に目を通さない。

例⑧：ホストコンピュータ・サブシステム・金融機関内LAN等のコンピュータ・システムの運用状況について、十分に実態把握を行わない。

> 例⑨：実務担当者との間での詳細な実態聴取や議論を避け、部門長からの概要聴取だけでお茶を濁す。
> 例⑩：監査対象部門側が業務運営に不安をもって指摘等を依頼したにもかかわらず、経営陣・上席者からの詳細な照会が寄せられることや設備投資負担（費用対効果）に係る検証を嫌気し、言及や監査報告書への記載を避ける。
> 例⑪：監査報告書を監査対象部門側に事前に回付し、修正を依頼する。
> 例⑫：（本部）監査対象部門における店内検査の運用実態・機能化有無について、対象外とする。

これらの結果、監査対象部門側に「毎年同じような時期に来て、同じようなことをいって帰る」あるいは「知識修得意欲に欠け、重箱の隅をつつくばかりでまともな議論ができない」という印象を与えてしまっている監査部門も散見される。監査部門にあっては、念のため本部に対する監査実態について、上記例示への該当状況を確認されたい。

(2) "帳簿監査"に終わらないための知識修得

本部監査においては、「現物ほか"庶務関係"の帳簿"検査"」だけが行われている実態がままみられる。この背景に、監査に必要な知識を備えていないことにより「手が出せない」「逃げている」事態が見込まれる。

業務知識は実務経験を通じて修得することが効果的であり、実践的なものが身につけられるとも見込む。以下に、「実務を通じて必要となる知識をあぶり出し、それを身につけるための手法」をごく簡単に列挙する。

イ　対象となる分野の確認に係る簡易チェックポイント

> （順不同）
> ・現物の確認にあたっては、帳簿との突合せ・在高確認だけでなく、取

扱いをめぐる実態への検証を行っているか。
　⇒実態に沿った現物管理にあたり、現行の内部ルールや他金融機関の動向ほか必要な知識を身につけているか。
・規程・通達ほか現行ルール体系のほか、ルールの未整備部分についても検証を行っているか。
　⇒帳票や各種記録から実態を解析し、ルールの設定・運用状況をふまえてインタビューによる検証を実施する際に必要な知識を身につけているか。
・外部との提携・委託等に基づく業務の（ルール未整備部分を含む）運用状況実態についても、内部と同様に検証を行っているか。
　⇒提携・委託等を行っている業務についても、帳票や各種記録から実態を解析し、ルールの設定・運用状況をふまえてインタビューによる検証を実施する際に必要な知識を身につけているか。
・営業店や本部他部門との連携・協調実態についても検証を行っているか。
　⇒内外の苦情・賛辞の声を含め、内部のルールや他金融機関の動向ほか必要な知識を身につけているか。
・該当本部が所管・共管する会議・委員会組織の活動実態についても検証を行っているか。
　⇒ALM委員会・リスク管理委員会ほか各種委員会組織の審議・検討事項を検証するだけの知識を身につけているか。
・（対象本部の）店内検査ほか相互牽制実態についても検証を行っているか。
　⇒店内検査の対象・従事者など取扱状況を把握し、相互牽制機能強化のために必要な知識を身につけているか。

☐　知識修得手法にあたってのチェックポイント

（順不同）
・実施にあたって前提となる基本知識はもれなく装備したか。
　⇒金融検査マニュアルや監督指針ほか監査にまつわる基本的文献、ならびに規程・通達ほか内部ルールをもれなく精読し、詳細内容を体系的に理解できているか。
・自身の過去の業務経験・成功体験にとらわれて視野・発想を狭めていないか。
　⇒面談時等に自分が話すばかりで、"聴く力"を欠くようなことはないか。
・自身の職位や旧来の固定観念にこだわることはないか。
　⇒たとえば、監査実施時のインタビュー対象者を部門長等上席者に限定することなく、"縦のライン"を意識して、下位者や勤務期間の短い者にも及ばせ、双方の意見を平等・客観的にそしゃくすることを通じて必要となる知識を吸収しているか。
・自身が所属する金融機関の監査手法・実態を絶対視せず、外部の実例との突合せにより、第三者視・客観視できているか。
　⇒近時の金融機関を取り巻く環境の加速度的な変遷を十分に認識のうえ、対応に必要な知識を貪欲に吸収する姿勢を保てているか。
・各種法律・制度変更・改正等が監査対象部門の業務に及ぼす影響を把握しているか。
　⇒常に問題意識をもって、内外の情報収集に努めるとともに、必要に応じて経営側にすみやかに対応方針を諮り、もれなく業務に反映させているか。
・監査に先立って、監査対象部門の所属経験者（＝いわゆる"OB"）や営業店を含む業務関連部門への実態聴取を行い、聴取結果を十分に活

用したか。
⇒監査対象部門を取り巻く概況を把握のうえ、必要な文献等を紐解き理解を進め、当該部門の課題にまつわる複数の仮説を構築できたか。また、監査実施時に（現在の）所属行職員側の現状認識について把握し、仮説の検証や課題の見直しを通じて必要となる知識を再考できているか。

　知識修得は終わりなき課題である一方、実際の監査にあたっては、いざというときにすみやかに第三者意見が照会可能となる外部の情報源を確保することが望ましい。大事なことは、人任せにせずにすみやかに聴取結果を修得するとともに、第三者意見等を聴取のうえで自身で検証できる能力を備えることである。

　業務遂行にあたって外部機能を使いこなすためには、これと同等もしくはそれ以上の能力（すなわち、知識×意欲）を備えていなければならないが、監査業務もその例外ではない。

(3) 重要物を取り巻く実態の可視化把握

イ　業務管理の基本的なスキーム

　業務管理の基本的なスキームは、①対象の特定と管理に係る基本ルールの設定、②周知・指導、③実態把握による検証、④対象や基本ルールに係る見直しの実施、というものである（図表2－6）。これは、部門・業務を問わず変わらない。

　監査部門における対本部監査は、各本部において上記スキームにのっとった必要な法令等遵守・リスク管理施策が実施されているか、を検証する機能の1つともとらえられる。

　一方、先にも触れたとおり、実態上のリスク管理は費用との兼合いのなかでのオペレーションを要することとなる。換言すれば、理想を追うあまり全

図表2-6　業務管理の基本的なスキーム

「金融機関における法令等遵守態勢の整備は、金融機関経営の自己責任原則をベースとした自主的な整備が基本となる」

「自己責任原則を貫徹するためには、経営陣が自己の責任において、法令等遵守態勢を整備することが不可欠である」

〈上記をふまえた法令等遵守・リスク管理態勢確立のための流れ〉

過　程	["ひとこと"でいえば…]
①　態勢構築に対する理事・理事会等の積極的な関与	「経営陣の法令等遵守施策に対するリーダーシップはみられるか」
②　基本的な方針・ルール等の作成・構築	「基本的なルールは一通り網羅されているか」
③　（自主的に）確認・改善を行える仕組みの運用	「ルールをしっかり守らせる仕組みとなっているか」
④　理事・理事会等による積極的な見直し	「所要改善事項を正確・迅速に見直せているか」

（反復・継続）

図表2-7　時間軸・業務の流れに着目したスキーム管理

「時間軸・業務の流れ」に着目した保有リスク

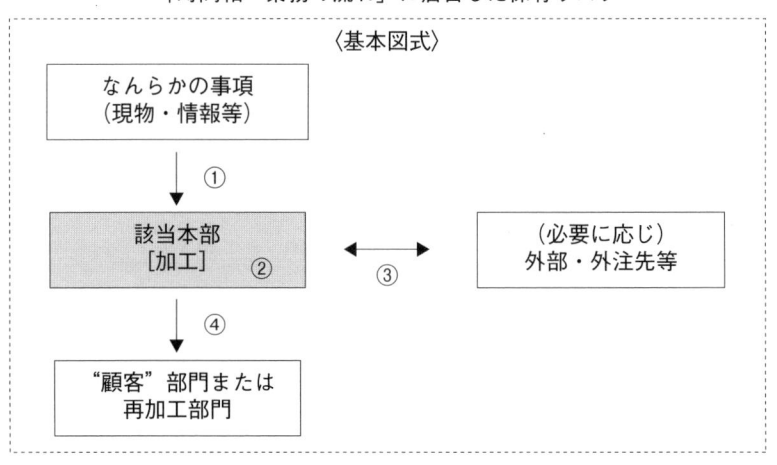

〈基本図式〉

なんらかの事項（現物・情報等）
↓ ①
該当本部 [加工] ② ←③→ （必要に応じ）外部・外注先等
↓ ④
"顧客"部門または再加工部門

体として実現不可能なスキームや、実務上運営できないスキームとすることはできない。あくまでも、事前評価をふまえた対応が必要となるのである。

□　時間軸・業務の流れに着目したスキーム管理

　他方、「営業店の後方支援を行う」という本来的な機能に着目して本部部門の事務フローをとらえると、①営業店をはじめとする他部門からなんらかの現物や情報等を受領し、②自身の部門で加工を行い、③加工過程のなかで必要に応じて外部や外注先等の機能を活用したうえ、④"顧客"となる部門（もしくは、さらに別の加工を行う"再加工部門"）に送付する、という過程を基本型としている（図表2-7）。

　よって、この流れをとらえてリスク管理を行うことも、時に有効となると見込む。

　原理原則からいえば、業務遂行にあたって、必要十分なリスク管理対応を図ることがむずかしければ、その業務を取り扱うことはできない。監査部門の監査にあたっては、単に不十分な実態を指摘するにとどまらず、全体を俯瞰したうえで実用に耐えうる管理水準をともに考案する姿勢が望まれる。

(4)　時間軸・業務の流れに沿った基本ルールの設定状況確認

　ここでは、上記(3)ロで述べた手順にのっとった管理方法の一例について述べる。

　具体的には、取扱いに留意を要する事項、すなわち、①現金・有価証券ほか"現物"（「現金等」）、②外部流出により損害賠償の対象となりうる顧客等から徴求した重要書類（「重要書類」）、③外部流出により損害賠償の対象となりうる顧客等から入手した口頭情報・親書ほか（「無形情報」）、に着目し、上記3種（以下「3種」とする）を取り巻くルールの設定状況を確認することが有効と考える。

　本部部門への監査にあたり、当該着眼点により「取扱者の特定」と「授

受」の切口を通じてリスク管理の第一歩であるルール化実態を把握・検証し、高度化の一助とされたい。

なお、以下イ〜ハ「結果」欄のうち、網掛け部分が「問題あり」の回答となる。

イ　外部からの受領（図表2-7（P62）：①部分）

分類	内　　容	結果
現金等	①　現金・有価証券等の授受がある場合、授受簿等を用いた授受確認手続がなされているか	いる
		いない
	②　現金・有価証券等の授受がある場合、取扱者が指定（限定・特定）されているか、指定手続がなされているか	いる
		いない
	③　現金・有価証券等の授受がある場合、日次の残高確認が行われているか	いる
		いない
	④　現金・有価証券等の授受がある場合、取扱者とは異なる検査官による現物（店内）検査が定期的かつ突発的に行われているか	いる
		いない
重要書類	⑤　取扱者が限定される性格をもつ重要書類がある場合、当該書類は封緘（※外部からみえない状態）で取り扱われることが規則化されているか	いる
		いない
	⑥　取扱者が限定される性格をもつ重要書類がある場合、授受簿等を用いた授受確認手続がなされているか	いる
		いない
	⑦　取扱者が限定される性格をもつ重要書類がある場合、取扱者が指定（限定・特定）されているか、指定手続がなされているか	いる
		いない
無形情報	⑧　取扱者が限定される無形情報はあるか［電話連絡・（親展）親書等］	ない
		ある
	⑨　取扱者が限定される無形情報がある場合、（一時取得に伴う）記録・連絡・保管体制は規則化されているか	いる
		いない

⑩ 取扱者が限定される無形情報がある場合、取扱者が指定(限定・特定)されているか、指定手続がなされているか	いる
	いない

【解説】

　以下においてルール化がなされていないケースを例示形式で述べる。実態面との突合せにあたり、聴取部門側がイメージする一助となれば幸甚に堪えない。

　なお、当該確認は「実施しているか否か」ではなく「ルール化されているか否か」を問うものであり、実態面を聴取することではない。

(例示)

① 「市場関係事務処理部門(バック・オフィス部門)が事務集中部門から日銀小切手を授受する際には、授受簿を作成し授受記録と併せて授受を行う」旨の記載等が規程等で明確に定められていないようなケース。

② 「ビジネス子会社が営業店をメールカーで巡回するなかで現金等を集配し、最終的に事務集中部門に引き渡す場合には、メールカーの乗員や事務集中部門側の受取担当者をあらかじめ限定・特定する」等が規程等で明確に定められていないようなケース。

③ 「無鑑査集金による現金については、事務集中部門において受領した営業日中にすみやかに残高確認を行う」等が規程等で明確に定められていないようなケース。

④ 「市場関係事務処理部門(バック・オフィス部門)においては、日銀小切手ほか有価証券現物を含む店内検査を定期的・突発的に行う」等が規程等で明確に定められていないようなケース。

⑤ 「出資申込書を受け付けた場合には、関係書類を封書等に封緘のうえ、すみやかに総務部門に送付する」等が規程等で明確に定められていないようなケース。

⑥ 「営業店から審査部門への稟議書の送付時には、通数と顧客名等を記載

した送達状を添付する」等が規程等で明確に定められていないようなケース。

⑦ 「(各部門から受領した)行職員の身上異動については、人事部門所属行職員のうち人事部門長が認めた者だけがこれを閲覧できる」等が規程等で明確に定められていないようなケース。

⑧ 「セクシャル・ハラスメントに該当・関係する事象については、人事部門の相談員が窓口となる」等が規程等で定められていないようなケース。

⑨ 「反社会的勢力とつながりがあると見込まれる者からの出資や融資の申込みに対する謝絶応対内容については、総務部門長もしくは総務部門反社会的勢力担当課長にすみやかに連絡する」「応対記録については、総務部門・リスク管理部門・監査部門担当役員にすみやかに連絡のうえ、金庫等に厳重に管理する」等が規程等で明確に定められていないようなケース。

⑩ 「顧客からの苦情対応については、リスク管理部門長が指定する苦情受付担当者が受付けを行うこと」が規程等で明確に定められていないようなケース。

☐ 該当本部における加工・外注 (図表2－7 (P62)：②・③部分)

分類	内　　容	結果
加工	⑪ 取扱者が限定される加工業務（対応・処理ほか）がある場合、当該業務は特定されているか	いる
		いない
	⑫ 取扱者が限定される加工業務（対応・処理ほか）がある場合、当該業務の未処理状況が複数の役職員で確認できるよう規則化されているか	いる
		いない
	⑬ 取扱者が限定される加工業務（対応・処理ほか）がある場合、当該業務関連の現物および関係書類の保管方法等は規則化されているか	いる
		いない
外注	⑭ 外部発注業者の選定にあたり、公平性（価格・サービスの妥当性）は担保されているか	いる
		いない

| ⑮ 外部発注業者の信用力・企業実態（反社会的勢力との取引や経営権の保有実態）は定期的に調査・把握しているか | いる |
| | いない |

【解説】

3種については、受領のみならず、加工にあたってもルール化による取扱いが望ましい。

以下において、ルール化がなされていないケースを例示形式で述べる。

(例示)

⑪ 「年金旅行参加者ほか特定行事にまつわる顧客名簿については、業務推進部門長もしくは営業店長があらかじめ指名した者がこれを管理する」等が規程等で明確に定められていないようなケース。

⑫ 「株主総会（もしくは総代会）への出欠回答書については、総務部門担当者が施錠庫に格納し適切に管理を行うとともに、担当者が日次の頻度で回答受領状況を進捗管理する」等が規程等で明確に定められていないようなケース。

⑬ 「事務部門による外国為替システムのバックアップファイル作成にあたっては、事務部門においてCD-ROMに焼付けのうえ、顛末書とともに事務部門内金庫に格納する」等が規程等で明確に定められていないようなケース。

⑭ 「店舗営繕に係る工事については、費用対効果管理の観点から、総務部門により必ず複数の業者からの見積りを徴求し、内容・価格の精査を行う」等が規程等で明確に定められていないようなケース。

⑮ 「外部応接・福利厚生のための食事提供業者との契約については、営業店および審査部門と連携・協調のうえ、総務部門が信用力・企業実態を年次の頻度で確認し、更新の都度適切な手続を行う」等が規程等で定められていないようなケース。

八 "顧客"部門等への送付・伝達（図表2-7：④部分）

分類	内　　容	結果
一般的留意事項	⑯ 現金等の送付にあたり、受領時と同様に取扱者の指定・授受簿等を用いた授受確認手続がなされているか	いる / いない
	⑰ 重要書類の送付・伝達にあたり、受領時と同様に取扱者の指定・授受簿等を用いた授受確認手続がなされているか	いる / いない
	⑱ 取扱者が限定される無形情報の送付・伝達にあたり、受領時と同様に取扱者の指定等はなされ、送付・伝達の控等は作成・保管しているか	いる / いない
対象先等	⑲ 送付・伝達にあたり、対象先（顧客部門・再加工部門）が不明なものはないか	ない / ある
	⑳ 送付・伝達にあたり、期限等が規則化されていないものはないか	ない / ある

【解説】

　3種については、加工後の"顧客"部門等への引渡しにあたってもルール化による取扱いが望ましい。

　以下においてルール化がなされていないケースを例示形式で述べる。

（例示）

⑯ 「事務集中部門が硬貨袋の配送をビジネス子会社に依頼する場合には、メールカーの乗員の特定や配送時の授受簿による確認を行う」等が規程等で明確に定められていないようなケース。

⑰ 「システム入力依頼のため、審査部門から事務部門に決算書を送付する場合には、送付先は事務管理部門長および事務管理課長宛てとすることとし、通数と顧客名等を記載した送達状を添付する」等が規程等で明確に定められていないようなケース。

⑱ 「反社会的勢力とつながりがあると見込まれる者と総務部門が応対を行う際には、総務部門反社会的勢力担当が窓口となり、応対後はすみやかに

総務部門長に報告を行う」「総務部門長は、総務部門・リスク管理部門・監査部門担当役員にすみやかに連絡・情報共有を行い、応対記録は金庫等に厳重に管理する」等が規程等で明確に定められていないようなケース。

⑲ 「事務部門においてシステムの不具合が発生した場合には、直ちに部門長・担当役員宛てに第一報を入れるとともに、（※「関係各部」等のあいまいな表現でなく）リスク管理部門・営業推進部門の部門長・担当役員に連絡を行う」等が規程等で明確に定められていないようなケース。

⑳ 「リスク管理部門が受領した営業店からの苦情対応報告については、原則として同一営業日中に代表役員宛てに報告を行う」等が規程等で明確に定められていないようなケース。

(5) 所属行職員の保有業務知識・意欲・リスク認識（度合い）確認

イ　インタビューを通じたリスク認識の検証

金融業務の実際の成果は、担当・管理する行職員の能力に起因するところがきわめて大きく、また、それは部門や分野を問わない。さらには、その対象分野はいわゆる推進面にとどまらず、リスク管理面にも当てはまる。ま

図表2－8　リスク認識の検証

・部門業務への取組みが全体としてどのようなかたちでなされているか
・実施にあたっての知識・意欲の、自身・組織の双方でどうみられているか

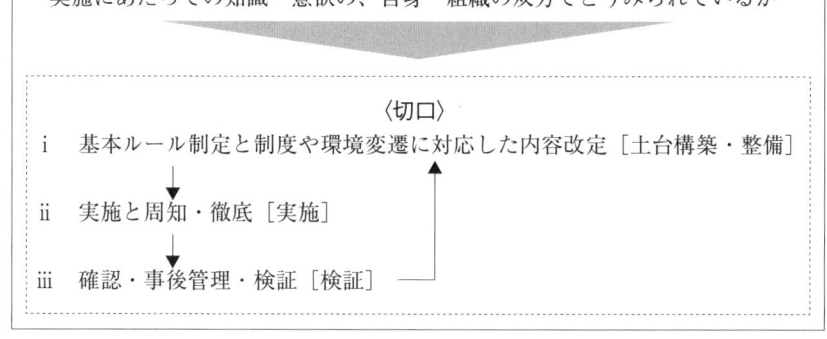

〈切口〉
ⅰ　基本ルール制定と制度や環境変遷に対応した内容改定［土台構築・整備］
ⅱ　実施と周知・徹底［実施］
ⅲ　確認・事後管理・検証［検証］

た、これまでも述べてきたとおり、そもそも人間は弱いものであり、相互に牽制を図るなかで業務に取り組まなければ、時に正常でない判断にも流されてしまう。

さらにいえば、上記事項は"人"だけはなく、"部門"あるいは"組織"についても当てはまる。官僚機構が俗に「国益よりも省利省益」と批判されるのと同様に、"番付制"に基づく上意下達の企業文化を有する金融機関においても、時に硬直化された組織風土や部門長ほか一部行職員の暴走によって大きな損失を被る危険性をはらんでおり、実際にそうなった事例もみられる。

このため、本部各部への監査にあたって、一定の尺度のなかで保有業務知識・意欲やリスク認識を把握する意味は大きい。実施時には「ただなんとなく聴取する」のではなく、一定の着眼点により可能な限り均一的に実施し、上下や左右の行職員間の比較のなかで部門全体をとらえることも時に有効になる。具体的には、図表2-8の図式に基づきリスク認識ほかを把握することを一例としてあげる。

☐　確認項目

ここでは、図表2-8のⅰ~ⅲの切口に基づき、確認する項目を以下に例示する。

本部部門への監査にあたっては、当該着眼点によって「所属行職員の原始的なリスク認識」の実態をふまえた課題や問題点の兆候を把握してほしい。

なお、以下の「結果」欄のうち、網掛け部分が「問題あり」の回答となる。

分類	内容	結果
土台構築・整備面	①　業務実施にあたって規則がないものはないか	ない
		ある

〈ⅰ部分〉	② （外部情報収集や事後検証を反映し）上記規則を定期的に見直すことが規則化されているか	いる	
		いない	
	③ 上記規則は定期的に外部の目により検証されているか	いる	
		いない	
実施面〈ⅱ部分〉	④ 業務遂行に必要な"常識"をもたない職員はいないか	いない	
		いる	
	⑤ "性悪説"に立った教育・訓練がなされているか	いる	
		いない	
	⑥ 「業務に対する理解度合い」を定期的に検証する規則はあるか	ある	
		ない	
検証面〈ⅲ部分〉	⑦ 「業務を規則（手順）どおり実施している」ことを定期的に検証・実施しているか	いる	
		いない	
	⑧ 担当者の長期業務離脱中（連続休暇中等）の確認事項は規則化されているか	いる	
		いない	
	⑨ 同一担当者が同一業務に従事する上限期間や配置基準は規則化されているか	いる	
		いない	
	⑩ 事後確認により把握された課題・問題点を他部門に還元する仕組みを保有しているか	いる	
		いない	

【解説】

以下において、問題となるようなケースを例示形式で述べたい。

実態面との突合せにあたり、聴取部門側の具体的課題をイメージしてほしい。

なお、当該確認の目的は、「規則の有無」等のみならず回答者の回答の様子や当該切口・着眼点等を通じた実態面の聴取にまで及ばせるべきである。

（例示）

① 業務に伴う規則の有無自体を認識・把握することなく、ただ「前任者・先輩から伝え聞いた取扱方法で処理している」ようなケース。

制定にあたり所定の手続を要する「規程」「要領」「通達」等にはいっさ

いの定めがない一方、正当な手続を踏まずして作成された「内規」によって業務が執行されているようなケース。
② 余資運用の対象となるリスクテイクの幅を広げている一方、長期にわたって運用基準が見直されず、形骸化しているようなケース。
③ 人事部門において内規が制定され、実態上当該内規にのっとって一部の業務が運営されている一方、監査部門を含め外部に公開されていないことで、その実態・把握がなされていないようなケース。
④ 外部から察するに、「心身のバランスを欠き、時に正常な判断ができない可能性がある」と見込まれる行職員が配置されているようなケース。
⑤ （本部における）店内検査が、「事務上の不備事項についての修正」の範囲にとどまり、結果に対する検証に基づく教育・訓練等が特になされていないようなケース。
⑥ 余資運用や投資信託の後方事務処理部門において、新規形態の投資対象への投資や販売に伴う事務処理変更を説明会・勉強会等によって部門内で共有せず、またその定めもないようなケース。
⑦ （本部における）店内検査が現物・帳簿記載事項の照合や伝票確認にとどまり、定められた手順の遂行実態が確認されていないようなケース。
⑧ 「年度中1回以上、5営業日連続」の休暇取得ほかによる職場離脱が義務づけられている一方、離脱期間中の離脱者に対する確認事項の定めがなく、事務机の施錠状況だけが確認されているようなケース。
⑨ 人事部門の給与計算担当者の在籍が長期に及び、実態上、当該担当者以外は人事システムの取扱いが行えず、検証もできなくなっているようなケース。
⑩ 店内検査により発見・認識された課題に基づき、事務取扱要領の内容改訂を行った一方、事務処理が当該本部内で完結するため、当該改訂をリスク管理部門・監査部門ほか他部門に通知しておらず、また、通知に係る定めもないようなケース。

(6) 外部発注・経費支払状況確認

　営業店における経費の支払が細かく規制され管理されている一方で、本部においてはそうした定めがない、もしくは十分な管理がなされずに経費が支払われている金融機関は少なくない。他方、経費の支払総額としては本部が所管する部分が営業店を大きく上回る実態がある。

　適切な費用管理は企業経営の根幹をなす要素の1つであり、金融機関においても変わらない。本欄では、本部監査にあたっての確認事項を以下にごく簡単に列挙する。

（例示／順不同）
・年間経費予算計画は策定されているか。
・執行に関する権限は定められているか。
・経費執行にあたり、権限に基づいた適切な承認過程を経ているか。
・期中の予算総額に対する使用状況は、（月次・四半期次等の）一定の頻度をもって管理がなされているか。
・予算総額に対する管理は、単なる使用実態にとどまらず、今後の大口使用見込み等をふまえたものとなっているか。
・予備費あるいは他予算からの流用、予算統括部門への追加申請・承諾可否状況等が確認できる形態で管理されているか。
・旅費交通費の支払実態は、使用者・目的・訪問先等が特定できる形態で管理されているか。
・交際費を従業員向けの福利厚生費用に使用するなど、法律で定められた目的外に充当していないか。
・支払にあたり、納品書・請求書の双方の証憑が支払伝票等に添付されているか。
・仮払金支出に伴う精算時期に定めはあるか。

- 長期間放置された仮払金はないか。
- 発注に先立った見積書の徴求にあたっては、複数先から徴求しているか。
- 発注・委託先ほか特定業者等との会食・ゴルフなどの接待・被接待実績は、管理されているか。
- 特定業者等と「社会通念上の常識の範囲を超える親密さ」がみられる・疑われる・噂される行職員はいないか。
- 発注・委託先に対する反社会的勢力との関与は調査されているか。
- 委託先に対する委託状況への管理は適切になされているか。
- 上記の経費支払実態については、店内検査で適切に検証されているか。
- 店内検査検証を含む上記事態は、部門長等権限者をはじめ部門内で共有されているか。

　本部における経費は他部門からみるとわかりにくく、"ブラック・ボックス"になりやすい。それゆえに、第三者としての監査部門の目による検証が果たすべき役割は大きい。

(7) 実施時の"突発性"確保のための留意事項

イ　配置上の留意事項

　近時の経費削減や営業店業務の本部への事務集中等の影響を受けるかたちで、特に中小・地域金融機関では、配線やレイアウトに苦労しながら手狭な本部ビルのなかで多数の行職員が肩を並べる姿が散見される。実態として、監査部門についてもこの例外ではなく、余裕のある専用室やパーテーションで仕切られたなかで勤務できる行職員ばかりではない。

　この一方で、組織全体で適切な相互牽制体制を構築・運営するためには、監査部門が"大部屋"にいることで監査実施内容等を他部門にうかがい知ら

れてしまうことは結果的にも好ましいとはいえない。このため、少なくとも、他部門への動態・臨店監査日程や内容については専用打合せ室等で行うなどの措置を講じるべきである。

　大事なことは、「監査部門の活動についての詳細はわからない」「相互牽制機能発揮のためには同じ行職員であっても緊張感が必要」と思われる関係を築き、日常活動においても実践することであろう。

□　監査実施にあたっての留意事項

　受監する本部側に監査実態を伺うと、「当本部への監査は、毎年1回の頻度で、だいたい同じ時期に来て2日くらい滞在して戻るような印象である」等の声を聞く。この場合、日程それ自体が十分か否かも問題だが、実施時期が例年同じような時期になってしまっていること、その結果、受監部門側に予測が可能となってしまっていることがさらに問題である。

　監査部門側の意向としては、「監査に必要なデータが対象部門側にそろった頃に実施したい」あるいは「他の部門も少人数での業務執行を余儀なくされていることがわかっているなかで、必要以上の負担を掛けることは円滑な監査に支障をきたす」という見解をもつことは想像に難くない。しかしながら、近時の金融機関の不祥事の連鎖のなかにあって、適切な内部管理態勢が構築・運用されるか否かは事業継続の可否と直結するものであり、相互牽制態勢の確立は何より優先すべき事項の一つである。

　よって、当然に予測が可能となる行動様式は選択しえないこととなる。実務的には、いわゆる動態面の監査と業務執行状況検証面の監査実施時期を分け、前者を複数回にわたって実施することで日常実態をとらえることも一案である。

(8)　臨時監査員（補助スタッフ）活用のポイント

イ　原則的な位置づけ

　言うまでもなく、内部監査部門は、業務執行部門から独立して位置づけら

れて運営されることが望ましい。

　一方、地域・中小金融機関を中心に、全体人員が絞り込まれるなかで少人数の運営を強いられている監査部門は少なくない。また、実態として、第2章②(1)で述べたとおり配属人員に占めるベテランの割合も高く、近時の高度化・専門化する本部業務を体験していない行職員も少なくない。

　このため、本部監査の充実が唱えられるようになって以降、一部の金融機関では監査部門以外の所属行職員を一時的に監査に同行させ、機能を補完する動きがみられている。いわゆる、臨時監査員である。

　実態をかんがみると、おもに市場運用・リスク管理・事務・システム部門等への活用がみられるほか、監査部門所属行職員が1～2名と極少の人数で運営されている中小金融機関などでは、恒常的に他部門からの人員を借り受けている様子もみられる。

　部門間・当事者間における相互牽制態勢の構築・運用という原理原則に照らし合わせれば、これら臨時監査員が長期間にわたって実務を担う体制は好ましいとはいえない。よって、あくまでも一時的な姿とし、可及的すみやかに技術的・量的な補完を行うべきであろう。補助スタッフに対して補佐以上の役割を求めることは筋違いであり、正規なかたちとすることが望ましいことは監査業務でもまったく同じである。

　つまるところ、①当該スタッフがもつノウハウを吸収して組織としての監査部門に蓄積すること、②少人数を補うべく必要な人員手当を行うこと、③もしくは店内検査への移管や潜在リスクの事前評価を通じた手法の見直しを行って少人数のオペレーションでも可能な形態に変えること、などの具体的行動が問われることとなる。

□　運用にあたって

　他方、経験に裏付けられた業務関係ノウハウはそう簡単に身につけることはむずかしく、当面、臨時監査員を活用せざるをえない金融機関も少なくないことを見込む。以下に、運用にあたっての留意事項について簡単に述べ

る。

　(イ)　監査執行能力の把握と補完

　監査部門所属行職員にしてみれば、臨時監査員の参画協力が決まってほっとしたのも束の間、いざ向き合わせてみれば、「たしかに以前の業務には明るかったが、いまの仕組みや内容は十分に理解できていない」ことが判明し、結果として「わかるところは監査したが、残りはよくわからなかったので、手をつけなかった」ような事態に陥ってしまっては、だれもカバーしない範囲が生じてしまう。これでは、全体として十分な本部監査とはいえない事態となってしまう。

　営業店所管業務に比べ、専門性・個別性が高い本部所管業務は、内容変更についても随時性が高くなる。また、臨時監査員に監査対象部門への在籍経験があっても、必ずしも在籍時点で所管業務のすべてを担っていたわけではなく、そもそも原始的に理解していない業務をもつ可能性もある。

　このため、監査に先立って臨時監査員の監査執行能力を把握しておくことが望ましい。具体的には、どの分野の知識・ノウハウを保有し、どの分野については不十分であるかを対象部門の業務分掌や年間事業計画等と突合せしながら照会する方策等があげられる。

　どの分野の業務経験があり、どの分野が不得手であるかということ、すなわち実態的な監査執行能力をあらかじめ把握したうえで、臨時監査員の監査の対象範囲を熟考し有効な補完手段となるよう導くことが望ましい。

　(ロ)　監査業務の重要性等に係る説明実施

　臨時監査員を帯同させたかたちでの監査実態をかいまみると、言葉は悪いが、時に物見遊山気分で監査に向かう臨時監査員を目にすることもある。こうした姿勢は監査員全体の士気や受監部門側との一定の緊張関係に負の影響を与えるだけでなく、総合的な検証精度をも引き下げる要因となる。繰り返しになるが、能力を構成する一片は取組意欲なのである。

　あらためて言うまでもなく、"臨時"とはいえ、臨時監査員は監査部門の

一員として監査に帯同する位置づけとなる。このため、実際の監査に先立って、その重要性等を十二分に認識させ、あくまでもチームの一員として全体最適化に寄与することを求める必要がある。

実施にあたっては、不動産取引における「重要事項の説明」のごとく、監査部門がなすべき役割や業務分掌等、"原理原則"を読み合わせることも時に有効となろう。あわせて、具体的な情報共有機会を設定し、他の監査員のもつノウハウを説明のうえ、これを事前学習のかたちで吸収してもらうことも有効である。当該ノウハウは、帯同する監査のみならず、所属部門における日常の店内検査等にも活用させることが望ましい。よって、説明時には当該視点に留意されたい。

実行にあたっては、当然に、具体的・実質的な所要時間の確保が必要となる。他の業務と同様、監査においても知識・ノウハウは一朝一夕には身につかないことをあらためて認識のうえ、当該説明等に向き合ってほしい。

(ハ) 受監部門との「緊張感ある関係」の構築

臨時監査員を帯同させて監査する対象部門は、臨時監査員がかつて所属した部門であることが少なくない。このため、臨時監査員と受監部門との緊張感ある関係の構築には、相応の留意が必要となる。一般論として重要性を認識するのと、いざ知合いを目にするのとでは、人間は異なる行動をとりかねないからである。

臨時監査員の目線に立てば、かつて所属した部門の行職員は、監査部門の行職員よりもずっとなじみがあり、個人的にも親しいことが少なくない。背景に、同一部門への配属平均期間自体に「（個別）本部＞（個別）営業店」の実態があることや、人事部門が所管するローテーション基準の設定期間に「同一本部の所属期間は6年以内、同一営業店の所属期間は3年以内を原則とする」などの差異がままみられることも小さくない。

親しい間柄のスタッフに対しては、それだけあうんの呼吸で"手心"も加えやすくなり、そこまでいかなくとも馴合いの関係になりやすい。臨時監査

員が「そのうちここに戻る可能性がある」あるいは「できれば、戻りたい」という心情を抱えていれば、よりいっそうそうした傾向が強まる危険性をはらむ。専門性を補うために帯同した臨時監査員が、逆に積極的にサボタージュを行えば、意味がないどころか逆効果となってしまいかねない。

対策としては、臨時監査員に対し、健全な業務運営・金融機関経営があってはじめて将来の当該部門への配属等も可能となることをあらためて理解させるとともに、必要に応じて受監部門側にも緊張感の必要性や注意事項をあらためて通知することも一案である。

ハ　チェックポイント

臨時監査員の活用・機能発揮のための確認事項について、以下にごく簡単に列挙する。成果の有無は、臨時監査員を含む監査員全員が一連の業務に真摯で熱意ある姿勢で臨めるか否かに掛かっている。

(イ)　事前準備

（順不同）
- 対象部門の所管業務を取り巻く法律・制度の変遷等を理解させたか。
- 前回監査時の監査結果ならびに対象部門による店内検査結果を参照させ、実態を類推させたか。
- 対象部門の関係部門から、必要に応じ関係情報を入手し参照させたか。
- 監査部門行職員とのミーティングを通じ、対象部門における課題についての仮説を構築させたか。
- 監査部門長の指揮・命令下で業務を遂行することを理解させたか。
- 監査部門所属行職員としての絶対的な禁止事項を理解させたか。

(ロ) （対本部）臨店監査中

（順不同）
- 「監査対象本部・対象者との緊張関係が必要である」旨のコメントが本人の口から聞かれたか。
- 臨時監査員自身よりも（対象本部の）在籍・職務経験が短い行職員や年次の若い行職員等に対し"聴く力"を欠くことはないか。
- 対象部門の業務遂行上の課題・問題点をだれにでもわかる平易な表現で他のメンバーに随時還元したか。

(ハ) 実 施 後

（順不同）
- だれにでもわかる表現で記載された報告書をすみやかに作成したか。
- 対象部門の課題に対する改善施策について、単なる指摘にとどまらず、実態をふまえた効果的な具体策を自ら考案し、他のメンバーに還元したか。
- 監査で知り得た事項の守秘の徹底が必要である旨が本人の口から聞かれたか。

　本来の姿とは異なる暫定的な対応とはいえ、臨時監査員の経験は、当事者の知識・ノウハウや意欲向上に結びつくことも少なくない。当該制度の採用・登用にあたっては、こうした事実を認識のうえ、当事者にあらためて説明を行うことも有効となる。

　特に、"一歩離れた距離"からの業務執行への検証・貢献は非常に生産的な行為であり、日常業務に活用できる多数のノウハウ獲得に直結することを理解させることが望ましい。

(9) 経営陣への迅速・的確な報告実施のために

監査部門の監査によって実施できることは、本質的には第三者の目による検証と、課題解決に向けたアイデアの呈示に限定される。課題解決の中心となる各種ルールの変更や周知徹底は、業務を所管する本部やそれを掌る経営陣に委ねられることとなる。

こうしたことからも、業務の執行実態を検証した監査部門は、監査結果を可及的すみやかに代表権をもつ役員ほか最高経営幹部等に報告することが望ましい。最高経営幹部による判断の遅れが、時に金融機関全体の浮沈に直結しかねないためである。

本欄では、当該報告にあたっての確認事項を以下にごく簡単に列挙する。

（順不同）
- 監査実施から最高経営幹部への報告までの期限には、明文化された定めはあるか。
- 最高経営幹部側は、日次・週次等の予定中に監査部門からの報告を聴取する時間を確実に割り当てているか。
- 最高経営幹部側の不在時の報告等についても、代位者等の定めはあるか。
- "第一報"については、口頭報告でも可能とする定めはあるか。
- "第一報"は、業務所管本部からの実態聴取や当該部門との調整に優先して行う旨の定めはあるか。
- 必要に応じ、報告の席上に業務所管本部キーマンを同席させることを行っているか。
- 「悪い報告ほど重要」の旨のメッセージは、最高経営幹部側から定期的に発信されているか。
- 最高経営幹部側は、"聴く力"を備えているか。

> ・監査部門側の報告者は、部門長や担当役員等の形式要件に優先し、実際の監査実施者とする定めはあるか。
> ・報告にあたっては、受監部門を慮ったり、監査担当者自身の考えを必要以上に投影せずに、ありのままを伝える旨の定めはあるか。

　本件実行の鍵は、手短に要点を伝える技術を監査部門に修得させ、これを発揮させることにある。アメリカ国防総省の幕僚たちは内容の軽重を問わず、大統領に3分以内で要点を報告する技術が求められているという。これに先立ち、当該幕僚たちは、若年時より士官が高官とエレベータに同乗した際にも短時間で要点を伝える"エレベータ・ブリーフィング"なる技術を叩き込まれるともいう。その内容は、報告を、①事実・②自身による状況判断・③意見具申、の3つの要点に絞って行う手法とのことである。

　多数の顧客と多くのオペレーションによって経営を行っている金融機関の最高経営幹部は、それゆえに総じて多忙な日常のなかでの執務を余儀なくされている。報告対象者がそのような実態下に置かれている以上、相手側に事実を伝えて適切な判断を仰ぐためには、監査実施時の的確な実態把握とともに相応の報告技術の具備も必要となる。

⑽　対象部門・関連部門への連絡・示達時の留意事項

　監査部門によって把握された各種の経営課題は、すみやかに代表権をもつ役員等最高経営幹部に報告された後、時を置かずに業務を所管する対象部門や関連部門に情報共有され、改善策の立案・実施につなげられなければならない。

　この一方、複雑化・高度化の一途をたどる近時の金融機関では、個別業務の所管部門についても特定の一部門だけで完結することは少なく、「主管部門―関係部門」の間柄で複数の部門が関与するかたちが大宗を占めている。全体人員の絞込みのなかで、割当人員が決して十分でないと感じている本部

部門も少なくなく、実態としても多忙を極めている本部もみられる。

　また、各種の業務の見直しは、そもそもさまざまな解釈の余地がある。一例をあげれば、店舗への入館方法を定める際に、①「建物管理規程」等の動産・不動産関係の規程に定めることとすれば総務部門、②就業規則に定めることとすれば人事部門、と、実態としても対応する際の部門に選択の余地があるケースが少なくない。

　さらには、営業店に比べ配属ローテーション期間が長くなりがちな本部には、とかく"縦割り""お役所体質"の企業文化をもつ。この結果、専門性を備える一方で、「隣は何する人ぞ」の意識で業務に臨んでいる行職員も少なくない。もっといえば、自身の担当業務に腐心するあまり、内部監査の本質的な重要性自体を皮膚感覚で理解できていない視野狭窄の行職員も少なくない。

　上記の事態のもとで、監査結果に基づく業務見直しや課題解決を連絡・示達されても、当該依頼に沿って素直に前向きに取り組む意向を示す部門ばかりではない。いわく、「うちの所管業務ではない」「当部門ではなく、他部門や営業店のオペレーションに問題がある」「業務多忙につき、当面対応できない」等の回答である。

　監査部門に求められる狭義の役割には必ずしも該当しないものの、実態としては監査部門にはこれらに関する調整役としての役割が期待されることとなる。対象部門との調整にあたって先方にあらためて伝えるべき事項を以下に例示する。

（例示／順不同）
- 内部監査の重要性認識については、近時の金融機関業務の担い手として役職員を問わず不可欠である。
- 「単一部門の"部利部益"＜金融機関全体の利益」の観点で、金融機関全体の課題解決の必要性を認識すべきである。

- 当該事項は最高経営幹部に報告ずみであり、すでに経営側と課題認識の共有化が図れている。
- 本件は、ただ単に貴部門に依頼すれば終了と考えているわけではなく、今後も監査部門として協力を惜しまない。また、監査部門としても本件に係る対応施策案を保有している。
- 実効性の高い業務見直しを行うことができれば、経営側およびエンドユーザー部門側の双方から評価し感謝される。また、最終的にはすべての利害関係人の利益にも貢献できることとなる。

　実際の調整にはさまざまな苦労が強いられるものの、所管部門の実態を聴取のうえ、必要に応じて経営側に還元するなどさらなる調整を図り、有効化を実現してほしい。

(11) （指摘・指示事項に対する）改善施策の進捗確認時の留意事項

　逆説的な話となるが、監査機能が有効化すればするほど、業務見直しの余地が広がり、結果として、これらを所管する本部への見直しに係る負担は大きくなる。

　この一方で、近時の多くの金融機関でみられる人員総数絞込みの動きのなかでは、本部においても少人数での業務執行が強いられており、各々多忙な事態のなかにある。このため、業務見直しを引き受けたものの、時に対応が遅延する事態を招いてしまってもいる。

　これら実態の背景は十分に勘案する必要があるものの、時間の経過も一律に無視はできない。営業店をはじめ、見直しのいかんや実施時期によりさまざまな影響を受ける部店も数多い。このため、監査部門にあっては、時に改善施策の対応状況について一定の期限を切り、進捗管理を担うことも必要となる。

その際の留意事項は以下のとおりとなる。

> （順不同）
> ・対応優先順位についての合意形成を行うこと。
> ・対応にあたる所管本部側の実態を聴取のうえ、言い訳と正当性を峻別し、実態的な負荷を勘案すること。
> ・本部側の対応姿勢に問題があったり、必要な人的資源を割り当てられていないととらえられる場合には、必要性をかんがみ、すみやかに経営側にありのままの実態報告を行うこと。
> ・「数多くの施策の進捗管理を同時並行で行っている」ことをかんがみ、ある程度定期的な聴取機会を設定すること。
> ・他部門に対する監査から得られる情報のうち対応にあたって有益と思われる事項を随時還元すること。

　監査を通じて多数の部門に常時向き合う監査部門としては、各種の実態把握のなかで非常に多くの改善対象事項が目につき、そのすべてについて即時の対応を図ってほしいという希望をもつこととなる。しかしながら、対応を図る本部側の人的資源にも限りがある以上、時に「課題に対する早期解決」と「監査関係以外の事業計画達成等」を両天秤に掛ける必要も出てこよう。大事な視点は全体最適化であり、部分最適化がこれに勝ることはない。「監査結果への対応はすみやかに図られたものの、その結果、それ以外の対応が遅れて金融機関全体の収支としてはマイナスとなった」ような事態を招くわけにはいかないのである。

　監査部門所属行職員にあっては、係争時の一方の当事者や代理人ではなく、あくまでも事業継続のための検証の立場で現実的・効果的な対応を考え、行動する姿勢が求められる。

　進捗管理はある面で対応を受諾させる以上に重要であり、監査部門にとっ

ても骨の折れる仕事となるが、所管本部に対し単に早期執行を促すだけでなく、実効性向上のための知恵を出すような"汗をかく"行動も時に必要となる。また、そうした行動が実践的ノウハウの獲得機会にもなる。

4 営業店（臨店）監査高度化のために

(1) 営業店（臨店）監査にみられる実施状況と課題

　金融機関営業店は、現金、有価証券ほか重要物や顧客情報などの重要情報が常時行き交う「多くのオペレーショナル・リスクを抱えた拠点」にほかならない。こうした実態は、旧来より監査部門側にも認知されており、実態としても営業店への臨店監査が監査部門年間事業計画や実際の割当時間のうちの大宗を占めている。現実的には、営業店への臨店計画を立案した後に、その合間の日程で本部への監査を計画している金融機関が相当数に及ぶ。

　こうした実態はすでに長期にわたっており、監査部門配属行職員の骨身に染みている。他方、重要性認識の一方で、具体的な監査手法についてはなお高度化余地を残す金融機関も少なくない。重要性が叫ばれて久しいなか、「現物中心の"事務検査"」である旧来の検査から「業務全般の監査」に移行しきれていない金融機関も多いのである。具体的には、以下の例示のような事象である。

（例示／順不同）
- 「監査部門の人繰りの都合」を優先し、対営業店臨店監査をすべて予告・事前通知型としている。
- 顧客数・事務量・業績伸張・オペレーション精度等の店舗間の差異や実態を考慮せず、一律的あるいは預貸金ボリューム等表層的な監査員

- の派遣や臨店割当日程としている。
- 一定以下の評点となった店舗に対し、監査時にみられた課題の種類・大小にかかわらず、同種の再監査を一律に実施している。
- 臨店滞在中の大部分の時間を、現物と元帳の突合せや伝票の記載事項確認ほか事務検査に充当している。
- 保険商品・投資信託ほか、他金融機関商品の取扱いに伴う"自前"以外の業務を対象外とする。
- 店内検査の有効性を十分に検証せず、検査を取り巻く実態について掘り下げない。
- 定量・結果面の監査にこだわるあまり、定性・過程面への検証に注力しない。インタビューを軽視し、場合によっては営業店長にしか行わないこともある。また、対象者への共通の聴取項目を設定せず「なんとなく気づいたこと」や「店舗の雰囲気」等だけのあいまいな聴取にとどまる。この結果、雑談だけで終わる事態に陥ることもある。
- 例年同じ傾向の監査結果となっても、その背景や理由について掘り下げず、抜本的な再発防止策の策定・実施へ寄与しない。
- 営業店の実態と照合した結果、本部側の対応に問題があると認められる場合であっても、営業店側の視点に立った監査報告等を行わず、営業店側に本部側の意向に沿う姿勢ばかりを求める。

　上記への該当がみられた場合、見直しを図ることが望ましい。次項以降でその手法等に触れたい。

(2) "事務検査"に終わらないための知識取得

　監査部門からの個別営業店への臨店監査の頻度は、どんなに少ない場合であっても年に一度は確保されている。しかしながらこの一方で、実態としては、単位店舗への臨店滞在日数・時間は「監査部門行職員が手分けして、全

店舗を回ることができる分量」から逆算して設定されていることが多い。さらにいえば、「臨店滞在期間＝営業店側の負担発生期間」との認識による配慮も、監査期間短縮意識に拍車を掛けている。

　監査部門の営業店臨店監査にあたっては、ベテランの行職員が年季の入った手法による"事務検査・確認"を行う傾向がみられる。一方、上記のとおり、臨店日数や時間が必ずしも十分に設定されているわけではないなかでは、貴重な時間を事務確認だけに充当し、「気がついたら滞在期限が来てしまった」という事態に陥らせないようにする必要がある。そのためには、監査部門行職員の監査能力、もっといえば知識面を向上させる必要がある。

　対本部監査の項でも触れたとおり、業務知識は実務経験を通じて修得することが効果的であり、実践的なものとなる。

　以下に、当該知識修得にあたっての分野・手法についてチェックポイント形式でごく簡単に述べる。

イ　対象となる分野の確認に係る簡易チェックポイント

> （順不同）
> ・店舗設備についての検証は十分か。
> 　⇒店舗外観（含セキュリティ・システム）に加え、ATM・勘定系端末・防犯カメラ・鍵管理システムほか店内機器等の利用・保守管理状況をくまなく確認するために必要な知識を身につけているか。
> ・店外機器についての検証は十分か。
> 　⇒店外ATM・自動車・自動二輪車・自転車等の利用・保守管理状況をくまなく確認するために必要な知識を身につけているか。
> ・ビジネス子会社ほか業務委託業者との連携状況についての検証は十分か。
> 　⇒店舗業務運営のうえで無理なく連携できているか、セキュリティ上に問題がないか等を確認するために必要な知識を身につけている

か。
- 他金融機関との提携商品の取扱いに係る検証は十分か。
  ⇒融資・預り資産・クレジットカード・宝くじ等の取扱状況を確認するために必要な知識を身につけているか。
- 規程・通達・店内規則ほか現行ルールにのっとった取扱いのほか、ルールの未整備部分についても検証を行っているか。
  ⇒帳票や渉外日誌・テラーノートほか各種記録から実態を解析し、インタビューにより補完する際に必要な知識を身につけているか。
- 店舗所属ブロック・本部・担当役員との連携・協調実態についての検証は十分か。
  ⇒所管地域において求められている活動と実態の対比を確認するために必要な知識を身につけているか。
- 通常の活動のほか店舗内における会議・委員会ほか各種組織の活動実態についての検証は十分か。
  ⇒各種会議・委員会等の審議・検討事項を検証するだけの知識を身につけているか。

□ 知識修得手法に係るチェックポイント

（順不同）
- 実施にあたって前提となる基本知識はもれなく装備したか。
  ⇒実施日までの規程・要領・通達をもれなく参照のうえ、必要に応じて各所管本部に発信・見直しの理由や背景を聴取しているか。
- 対象店舗に係る直近の臨店監査・店内検査関係知識を装備したか。
  ⇒単なる結果にとどまることなく、傾向や背景についての解析は十分に行っているか。
- 定量データからの遡及は十分か。

⇒店舗平均と対比したエラー率や異例取引件数、さらにはその内訳等についても参照しているか。また、いわゆる端末オペレーションを含む事務取扱いに係る留意事項を認識できているか。
・"顧客の声"からの遡及は十分か。
　　⇒該当店舗に顧客から寄せられた賞賛・苦情の声のみならず、(「お客様相談室」等)顧客相談窓口部門宛てに電話・電子メール等で直接寄せられた声、さらには他の店舗に寄せられた声をも参照し、関連事項について解析を行っているか。
・外部機関との提携・連携関係知識はもれなく装備したか。
　　⇒他金融機関等との提携商品のほか、ビジネス子会社ほか委託業務業者との契約内容をもれなく参照・理解しているか。
・本部監査結果からみられる関係知識を装備したか。
　　⇒監査によって把握した課題・問題点を検証し、営業店業務への影響を認識できているか。
・店舗勤務者に対する行動管理に係る関係知識を装備したか。
　　⇒メンタルヘルスやセクシャル・ハラスメントを含む労務管理知識に加え、営業店長ほか店舗統括者・役席ほか管理者が担う役割等についても知識修得を図っているか。
・実態把握にあたっての技術を装備したか。
　　⇒詳細把握のためのインタビュー手法や単なる指摘にとどまらないコーチング手法等の知識修得を図っているか。
・自身の業務体験や前例、さらには職位にとらわれ視野・発想を狭めることはないか。
　　⇒面談時に自身ばかりが話して"聴く力"を欠くことはないか。営業店長から非常勤職員に至るまで先入観なしに接し、インタビューのなかで真摯に実態を吸収しているか。
・自身が所属する金融機関の監査手法・実態を絶対視せず、外部の実例

> との突合せにより、第三者視・客観視できているか。
>   ⇒自身が所属する金融機関のみならず、金融機関店舗を取り巻く環境の変遷や他金融機関を含む外部の監査結果を柔軟に自然体で吸収できているか。

(3) 自店内検査実施状況把握

　監査部門による個別営業店への臨店監査は、最少の場合「年に1度、数日間」というごくわずかな頻度・日数で実施されており、とてもそれだけの抽出日数・時間で業務執行実態のすべてをうかがい知ることはできない。

　ゆえに、臨店時には、対象店舗で日常において実施されている店内検査の有効性を検証することが最重要課題の1つとなる。他方、限られたメンバー、それも日常はお互いに助け合って業績目標達成のために努力し合う"仲間"内で実施される店内検査は、どうしても緊張感を欠き、「摘発＜修正」の意識も強い。こうした結果、十分な相互牽制体制が構築・運営されているとは言いがたい事態となっていることも少なくない。

　臨店時の検証にあたっては、報告書等の既往検査結果を参照するとともに、以下の着眼点によりインタビューを通じた実態確認に努めてほしい。

　なお、「該当」欄のうち網掛け部分側が「問題あり」の回答となる。

イ　店内検査に対する重要性認識・事実認識について［※下段カッコ内に再質問を記載／以下同じ］

インタビューにおける口上［例示］	該当	
① 近時、自身や周囲の業務に関して、店内検査によって気づかされたことはあるか。 （「有」回答⇒それはいつ頃で、何をだれによって気づかされたのか。）	無	有

② いつも同じ検査対象分野や係をいつも同じ検査担当者が実施している事象・傾向はないか。 (「無」回答⇒自身の所属する係の今月・先月・先々月の検査担当者は具体的にはだれが担ったのか。)	有	無
③ 統括者・管理者等から、「そろそろ店内検査を行う予定だ」あるいは「実施するので、これに先立ってあらかじめ整備を」等の告知や指示が出されているか。 (「無」回答⇒自身の直属の上司から「店内検査で指摘されると叱責につながるのでうまくやってくれ」の旨の指示等はないか。)	有	無
④ 実際のところ、毎月だいたい同じような実施時期に店内検査が実施されている事象・傾向はないか。 (「無」回答⇒月末月初と五十日を避けたような日程で実際されている、あるいは実施時期は予想できるのではないか。)	有	無
⑤ 店内検査の実施や事後対応に伴う負担感はあるか。 (「無」回答⇒重要性について、具体的にはどのような点で認識できる事例があったか。)	有	無

【解説】

　月次程度の頻度で行われる店内検査は、あまりにも日常活動と一体化し、文字どおり"空気ような存在"になりかねない。よって、臨店訪問時に対象店舗の行職員が店内検査そのものをどう感じているかを検証し、その実態の一端をかいまみることも時に有効となる。

① 店内検査が単なる事務確認・事後修正の場になっていないかを確認。
② 検査の主担当となることが多い役席者の配属人員数自体が少数となったことで、「内部事務担当は、いつも渉外役席者が担当している」ような事態になっていないかを確認。
③ 統括者や管理者自身が「店内検査＝事務確認・事後修正」の意識、あるいは、ルーティン・ワークの意識で臨んでいないかを確認。
④ 店内検査の実施時期の予測が可能な事態となっていないかを確認。
⑤ 重要性認識に勝る厭戦気分や形式がみられないか、また、惰性で臨んで

いないかを確認。

□ 監査結果の通知について

インタビューにおける口上［例示］	該当	
⑥　店内検査の実施結果は、パート・派遣等の非常勤雇用形態の行職員を含めて全員に周知されているか。 （「有」回答⇒実態として、いつ頃の時間にどのようなかたちで周知を行っているのか。）	無	有
⑦　店内検査の実施結果は、（内部事務・融資・渉外等の）"係"の枠を超えて店舗全体に周知されているか。 （「有」回答⇒近時、他の"係"に対する指摘事項にはどのようなものがみられたか。）	無	有
⑧　店内検査の実施結果報告書は、全員に回覧されているか。 （「有」回答⇒回覧印の押捺等の確認事項を実施させているか。また、「判子を押しているだけ」の傾向はみられないか。）	無	有
⑨　店内検査の実施結果報告書をみても、「実際のところ何について何が問題となったか」あるいは「本来の取扱いはどのようなものとすべきか」が不明なものがあるのではないか。 （「無」回答⇒正しい取扱いを理解するために、規程や法令をさかのぼって調べたことはあるか。）	有	無

【解説】

　店内検査結果の還元については、担当する係にだけ行われ、「隣は何する人ぞ」の実態が高頻度でみられる。相互牽制態勢の確立にあたっては、実態の周知による共有がきわめて有効であることから、臨店時に還元実態を照会し検証することも有効となる。

⑥　「パートさん・派遣さんは別」の意識となっていないかを確認。
⑦　「隣の係や店舗全体ではどのような実態になっているか」の周知・認識実態を確認。
⑧　「朝礼でちょっといわれただけ」「なんとなくいわれたことを覚えているだけ」「営業店長・役席者以外の回覧は係内だけ」の実態になっていない

かを確認。
⑨ 「店舗として留意すべき事項は何か」の共有実態を確認。

八 営業店長自身の関与について

インタビューにおける口上［例示］	該当	
⑩ 営業店長は、店内検査の実施状況や検査結果を必要十分に把握していると見込まれるか。 （「有」回答⇒営業店長自身が、店内検査中に実施担当者に声掛けを行うような姿を目にしたことはあるか。）	無	有
⑪ 営業店長自身は、（内部事務・融資・渉外等の）すべての係の店内検査を実施できると見込まれるか。 （「有」回答⇒取扱開始から比較的日が浅い預り資産関係の店内検査や、機器更新がなされたATMについても営業店長自身で対応が可能と見込めるのか。可能と判断した根拠は、何に基づいたものか。）	無	有
⑫ 近時、営業店長自身から所属行職員全員に対して「今回の店内検査はこのような結果となったが、各自にあっては今後○○に努められたい」のようなメッセージが発信されたことがあるか。 （「有」回答⇒具体的にはいつ頃に、どのような内容について発信されたか。発信頻度はどのような間隔となっているか。）	無	有
⑬ 近時、店内検査を行っていない時期の日常の業務執行時や面談時に、営業店長から店内検査の話題が出ることはあるか。 （「有」回答⇒具体的にはいつ頃に、どのような機会にどのような内容が話題として出たか。それについてどう感じたか。）	無	有

【解説】

　営業店長は渉外活動もしくは融資窓口の役席経験者が大宗を占め、そもそも内部事務役席経験者自体が少ない。このため、自身の成功体験をもとに"業績第一"の思想・行動で店内検査ほか"守備"面を相対的に軽視する傾向が少なくない。

　他方、店舗の最高責任者である営業店長の店内検査への姿勢いかんで、機能化実態は大きく左右する。このことをふまえ、臨店時に詳細を把握することも時に有効となる。

⑩　単なるスローガンや部下任せでなく、店内検査結果の把握のために所要時間を割き、内容についても理解しているかを確認。
⑪　営業店長自身の検査実施能力への認識を通じ、牽制実態を確認。
⑫　具体性を欠いた曖昧模糊とした指示や、部下に任せるだけの実態とすることで実効性の低下がみられないかを確認。
⑬　店内検査が実施期間だけの特別の行事として独立しているわけではなく、日常の業務に随時反映されているか、また、それを営業店長自らが主導しているかを確認。

二　再発防止策の実施について

インタビューにおける口上［例示］	該当	
⑭　毎回同じような指摘・同じような見直し内容が指示されたり、報告書に記載されていないか。 （「無」回答⇒近時、指示された事項や店内検査報告書に記載された事項にはどのようなものがあり、それは従来一度も俎上にのぼっていないものか。）	有	無
⑮　近時、店内検査結果により、事務取扱方法を具体的に見直したことはあったか。 （「有」回答⇒具体的にはいつ頃に、どのような内容についてどのように改めたのか。それによってリスク管理面はどのように強化されたととらえているか。）	無	有

【解説】

　実態をふまえれば、一定頻度・同一内容で実施される店内検査はどうしてもマンネリズムに陥りやすく、意識のうえでも実態としても「所定の報告書に記入して終了」という事態を招きやすい。
　本来は、検査結果によって検証された実態と店舗所属行職員の特性ほかを突合せするなかで、同じ間違いが発生しない態勢構築が望まれるが、臨店時にその取組実態を照会し、検証することも有効となる。
⑭　「毎回同様の結果を招くことすなわち再発防止策が機能化していないこ

と」の認識の有無やその背景について確認。
⑮　店内検査結果と日常業務への反映すなわち取扱変更状況について確認。

(4) 重要物を取り巻く環境把握

　旅客機の乗務員の最優先業務が安全運航の実現であるのと同じく、金融機関店舗行職員の最優先業務は正確で事故のない事務処理にある。理屈のうえでは顧客に向き合いながら業務を総合的に取り扱う必要のある営業店では、配属行職員にリスク管理対応を求めることとなるが、実態としては、数多の業務のすべてをこなしきることはむずかしい。

　よって、とりうるリスク管理手段としては、潜在リスク量に応じてある程度段階的に向き合うことが現実的となる。具体的には、業務のうち特に注意すべき事項を優先抽出し、取扱いにいっそうの留意を促すこととなる。

　臨店監査にあたっては、当該取扱実態について、「ルールの有無」と「周知・理解」について検証を行うことも一案である。

イ　取扱いに係る基本ルールの設定状況

　(イ)　動産・不動産管理関係

(順不同)

内容［概要・例示］	ルール化有無（含予定）／根拠規程・通達等
①　業務開始に係る建物への入館時の複数名対応	有・無／
②　業務終了に係る建物からの退館時の複数名対応	有・無／
③　非常勤雇用形態を含む職員の外部異動（含退職）時に即応した入館時パスワード変更	有・無／
④　顧客情報等重要情報を含む書庫・倉庫の原則施錠および立入り（入室）にあたっての入退室記録簿等による管理	有・無／
⑤　（関係会社・外部委託先等の運行を含む）メールカー等巡回経路の一定時期による変更	有・無／

⑥　営業用車輌（四輪・二輪）本体・鍵の日中格納［※だれでも触れる・持ち出せる状態としない］	有・無／	
⑦　個人用（私物用）ロッカーの正鍵貸与および店舗・部門等における副鍵の保管	有・無／	
⑧　個人使用机（含脇卓）への正鍵貸与および店舗・部門等における副鍵の保管	有・無／	
⑨　店外配置を含むATM機器の一定以上の職位者全員の機械操作修得（含部門長等）	有・無／	
⑩　パーソナル・コンピュータ本体のハード・ディスクへの作成ファイルの記憶禁止	有・無／	
⑪　パーソナル・コンピュータ利用に係るパスワード管理と当該パスワードの一定周期への変更	有・無／	
⑫　磁気記憶媒体（FD・CD・ビデオテープほか）の登録と利用に係る授受簿による管理	有・無／	
⑬　ファクシミリ利用に係る複数名立会いによる誤送信防止	有・無／	
⑭　店内への文書等掲示基準［※個人名印鑑が押捺された書類・不在休暇取得予定等掲示の禁止等］	有・無／	
⑮　店舗・金庫鍵副鍵の隣接店舗等への保管	有・無／	

【解説】

　第2章3(3)イ「業務管理の基本的なスキーム」でも触れたとおり、リスク管理の基本は「①ルールの設定⇒②守らせているか～」のサイクルである。数多のオペレーショナル・リスクを保有する営業店に対しては、あらかじめ本部所管部門の規程・要領・通達等の制定・更新状況や営業店側の独自ルールの設定状況と理解状況を確認のうえ、実態把握を行うことが望ましい。

　上記実態把握結果は、必要に応じて本部所管部門にすみやかに報告し、見直しを促す必要があることは言うまでもない。

①　早朝の開店準備に先立っていわゆる"鍵当番"等が従業員通用口の鍵を

開け、警備機能を解除する際の相互牽制のための複数名対応の義務づけに係るルール設定実態を確認。
② 夕刻から夜半に掛けての最終退館者による閉錠・退出に至るまでの相互牽制のための複数名対応の義務づけに係るルール設定状況を確認。
③ 通常、従業員通用口に設定されている入館用の警報機器に係るパスワード更新のルール設定状況を確認。
④ 店舗上層階等にみられる伝票ほか顧客重要情報を格納した書庫・倉庫等への入退室に係る相互牽制のための記録簿等への記入に係るルール設定状況を確認。
⑤ 通常、1日数回本部・営業店間ほかを行き来するいわゆるメールカーについての安全管理のための経路・時間等変更に係るルール設定状況を確認。
⑥ 営業用車輌（自動車・自動二輪車・自転車）の鍵管理に係る日中の安全管理・相互牽制のための格納に係るルール設定状況を確認。
⑦ いわゆる更衣ロッカーについての使用者への正鍵貸与と店舗による副鍵保管に係る相互牽制のためのルール設定状況を確認。
⑧ 事務室内使用机および脇卓についての使用者への正鍵貸与と店舗による副鍵保管に係る相互牽制のためのルール設定状況を確認。
⑨ 相互牽制のためのATM機器取扱方法修得に係る対象者ルールの設定状況を確認。
⑩ パーソナル・コンピュータ本体に格納されているハード・ディスクへの安全管理のための作成ファイル等の記憶禁止に係るルール設定状況を確認。
⑪ パーソナル・コンピュータやコンピュータ・ネットワーク使用に伴う安全管理のための各種パスワード設定・更新に係るルール設定状況を確認。
⑫ 各種コンピュータ・防犯機器・録音機器などの使用に伴う外部記憶媒体取扱いに係る安全管理のための事前登録と使用時の授受簿等への記入に係

るルール設定状況を確認。
⑬　ファクシミリの利用に伴う安全管理のための複数名立会い・送信先番号の確認に係るルール設定状況を確認。
⑭　個人情報ほか重要情報を含む文書等の掲示についての安全管理・相互牽制のための掲示に係るルール設定状況を確認。
⑮　天災ほか不測事態発生時に備えた店舗・金庫の副鍵への安全管理のための隣接店舗等への保管・取扱いに係るルール設定状況を確認。

㋺　労務管理関係

内容［概要・例示］	ルール化有無（含予定）／根拠規程・通達等
①　直前の告知に基づく（連続休暇制度ほか）長期離脱制度	有・無／
②　長期離脱期間中の離脱者に関する確認事項（含部門長）	有・無／
③　非常勤雇用形態を含む営業店所属行職員の同一店舗への配属上限期間	有・無／
④　非常勤雇用形態を含む本部所属行職員の同一店舗への常駐（配属）上限期間	有・無／
⑤　渉外担当者（外交担当者）担当地区等の（同一地区）担当上限期間	有・無／
⑥　内部事務担当者（テラー・後方事務・融資窓口等）担当業務の（同一業務）担当上限期間	有・無／
⑦　（最終連絡受領者が第一発信者へ返信する形態での）緊急連絡網の作成・定期的訓練の実施・個人情報保護法等に基づく適切な保管管理	有・無／
⑧　人事部門所属行職員との接触	有・無／

【解説】

　内部行職員によって事故・不祥事件がこれほど多数回にわたって引き起こ

されている以上、適切な労務管理を実施することにより抑止効果を高める必要があることは言うまでもない。

ゆえに、営業店臨店時に労務管理関係の基本ルールの設定状況と営業店側の理解状況をあらかじめ確認のうえ、実態把握を行うことが望ましい。

① 休暇や僚店への応援さらには顧客との年金旅行の随行ほか直前の告知に伴う職場離脱指示・命令に係る相互牽制のためのルール設定状況を確認。
② 部門長を含めた全行職員に対しての離脱期間中の確認対象・方法等のルール設定状況を確認。
③ パート・派遣形態を含む行職員の同一店舗への配属上限期間を確認。
④ 組織上は本部機構に所属することが多いローンセンターほか特殊形態店舗や人事部門付ほか本部所属かつ営業店常駐(配属)勤務形態などの行職員に係る同一店舗等への配属期間上限を確認。
⑤ 店舗に配属された行職員のうち、渉外(店舗外への訪問)活動担当者として一定の地区・顧客等を所管した場合の、同一地区・顧客担当上限期間を確認。
⑥ 店舗に配属された行職員のうち、窓口(テラー)・後方事務・融資窓口・預り資産担当者等として担当業務を所管した場合の、同一業務担当上限期間を確認。
⑦ 最終連絡受領者が第一発信者に受信確認電話連絡を行う形態などの緊急連絡網の作成・配布実態を確認。また、突発性をもった定期的訓練の実施状況を確認。さらには、当該連絡網の格納・貼付の適切性について確認。
⑧ 人事部門による営業店への臨店面談もしくは個別行職員の希望に基づく人事部門との面談の設定状況について確認。

(ハ) 内部監査・検査その他

内容［概要・例示］	ルール化有無(含予定)／根拠規程・通達等
① 直前の告知に基づく店内検査(自店検査)制度	有・無／

② 監査部門監査および店内検査（自店検査）結果の所属部門全員への回覧［※様式への"回覧確認箇所"等の設置］	有・無／	
③ 監査部門監査および店内検査（自店検査）結果の所属部門全員への周知機会の設定［※通常業務終了後の確認会議・店内勉強会等］	有・無／	
④ 顧客情報管理基準［※含取引顧客の属性が把握できる電話帳・地図等の格納等］	有・無／	
⑤ 事件・事故・苦情発生時のリスク管理部門・リスク管理部門担当役員への即時報告	有・無／	
⑥ 風評懸念事項把握時のリスク管理部門・リスク管理部門担当役員への即時報告	有・無／	
⑦ コンプライアンスに係る定期的理解度確認実施	有・無／	

【解説】

「店内検査の有効性についての検証」は、監査部門の営業店臨店監査時の主要対象の1つと考えられる。

① 店内検査の突発性の確保についてのルール化実態を確認。

② 監査部門による臨店監査結果および店舗としての事後対応方針等に係る（"担当係"等の枠を超えた）店舗全行職員への回覧実施についてのルール化実態を確認。同様に、店内検査結果等に係る回覧実施についてのルール化実態を確認。

③ 監査部門による臨店監査結果、店内行職員による店内検査結果ならびに監査・検査に対する店舗としての事後対応方針等に係る（"担当係"等の枠を超えた）全行職員参加によるすみやかな周知機会設定についてのルール化実態を確認。

④ 顧客の情報が特定できる書類・物品等の保管・格納等に係るルール化実態を確認。

⑤ 事件・事故・苦情等予期せぬ事態の発生・状況把握時におけるリスク管

理部門もしくはリスク管理部門担当役員への即時連絡に係るルール化実態を確認。
⑥　所属金融機関のみならず、近隣金融機関や同業態金融機関における信用不安等の風評聴取時におけるリスク管理部門もしくはリスク管理部門担当役員への即時連絡に係るルール化実態を確認。
⑦　順次変遷する法制への対応等に係る行職員の理解度確認についてのルール化実態を確認。

ロ　上記イに係る基本ルールの周知状況

　近時の金融機関が保有する規程・通達等内部ルールは膨大な分量に達しており、そのすべてを熟読し理解することは困難な実態にある。また、表現や詳細についても必ずしもわかりやすいものばかりではない。これらを背景として、営業店のテラー・後方事務担当者等には「先輩から聞いてノートに書きとめ、それをみて対応する」ような属人的な事務対応が高頻度でみられる。この結果、店舗や担当者によって事務取扱方法の詳細部分が異なる事態を招いている。

　よって、臨店監査時には、前記イで触れたルールの有無に加え、ルールの存在や意義・詳細が配属行職員にどこまで理解・浸透しているかを検証することが望ましい。

　一例をあげれば、①監査・検査での不備実態を確認、②背景を解析、③行職員に基本ルールの有無や設定の意義・詳細に係るインタビューを実施、等のフローが考えられる。

　監査部門にあっては、当該検証を通じ、ルールや周知方法の見直しも含めた実効化への具体的な一助が求められているといえる。

(5)　特定顧客との取引状況把握

　これまでの履歴をみる限り、発覚した金融犯罪のうちの過半数は、営業店で特定の顧客に関連して実行されている。その意味でも、特定顧客に着目し

て取引状況を把握することは、事実関係の直接的な検証に加え、潜在的な抑止力向上にもつながる。

　また、既述のとおり、金融犯罪の防止・抑止にあたっては、むしろ「仕事ができる」といわれる職員を疑い、必要に応じて検証する必要がある。しかしながら、この一方で、店舗の最高責任者であり実力者でもある営業店長に対する牽制機能が十分に発揮されているケースは少ない。

　これらはあくまでも一例であるが、監査部門による営業店への臨店監査にあたっては、当該実態をかんがみ、特定顧客との取引状況を可能な限り具体的に把握することで、実態把握の一助とすることが望ましい。

チェックポイント（例示）

(順不同)
- 同僚や顧客から「(特定の)行職員と非常に親しい」といわれている・伝わってくる事業者・個人はいるか。
  ⇒そうした声の一方で、これまで店舗としてどのような検証を行っているのかを確認。
- 接待・贈答機会が多数化・恒常化している事業者・個人はいるか。
  ⇒対象先との取引内容はどのような実態となっているのかを確認。
- 実際の訪問・面談場所が著しく遠隔地に立地している、あるいは僚店地区に立地していながら、特定の店舗・担当者との取引をあくまで希望し継続している事業者・個人はいるか。
  ⇒相手先の希望理由や口座移管交渉について、どのような経緯がみられたのかを確認。
- 顧客側からの指名・指定で地区外取引を継続している事業者・個人はいるか。
  ⇒相手先とどのような取引内容になっているのかを確認。
- 預金や定期積金などに短期間に同額の預入・払出しがみられたり、高

頻度で定期積金の掛込延滞がみられる定例訪問先事業者・個人はいるか。
　　⇒訪問や通帳預りの頻度が高いところについて、どのような目的・実態となっているかを確認。
・高額の払出し・振替えが目立つ高齢の定例訪問顧客はいるか。
　　⇒払出し・振替えの目的・実態、また、担当者以外の訪問状況の有無・実態について確認。
・集金扱いの定期積金の引上（全件）照合は近時実行したか。
　　⇒未実施の場合、理由は何かを確認。

(6) 所属行職員の業務知識・意欲・具体的動向把握

イ　能力・動向把握の必要性

　金融機関の保有資源は人材の質・量に帰結し、それゆえに、根源的な競争力は能力を備えた行職員の人員数に比例する。また、既述のとおり、能力は知識・意欲の構成要素に分解できると考える。

　営業店の業務執行にあたっても、各種の成果は行職員の質・量に強く相関する。これらは、いわゆる業績面だけにとどまらず、リスク管理面や能力開発面にも同様に及ぶ。さらにいえば、金融機関の組織文化は"番付制"に基づく上意下達の色彩が色濃く、上席者とのめぐり合わせによって受ける影響差も小さくない。実際のところ、役員・部店長級が集合して開催される幹部会議等の内容還元実態に始まり、能力開発やこれに伴う具体的行動も、部店長等統括者・役席者等管理者個々人の能力格差によって部下行職員には大きな差異がもたらされる。

　監査部門による臨店監査にあたっても、個別店舗に係る上記実態を可能な限り詳細に把握し、十分な検証を行うことが望ましい。

□　確認用様式

　実態聴取にあたっては、対象を一般行職員と管理者に区別して行うことが望ましい。各々の書式を以下に例示するが、実際には、背景や課題を詳細に把握することで検証精度を高めるべきである。

［例示／順不同］

(イ)　一般行職員向け様式

内容［概要・例示］	要注意事項［概要］
①　業務への取組みにあたり、実態としてどの程度の繁忙状況下にあるか。どんなことにどのように追われているか。	有・無 [　　　　　　]
②　業務への取組みにあたり、取扱いに困っている具体的事項はあるか。［マニュアルのわかりにくさ・端末によるチェック機能・本部の後方支援ほか］	有・無 [　　　　　　]
③　自身について、習熟実態・保有知識が不十分であることにより、顧客対応ほかで「自信がもてない」あるいは「支障が発生している」事項はあるか。	有・無 [　　　　　　]
④　周囲の行職員について、習熟実態が不十分であることにより、顧客対応ほかで支障が発生している事項はあるか。	有・無 [　　　　　　]
⑤　役席者等の業務管理者は十分な業務知識と取組意欲を保有し、例外・異例取引発生時にも、実際にリーダーシップを発揮できているか。	有・無 [　　　　　　]
⑥　営業店長・次席者等の店舗統括者は、日常の業務実態について積極的に関与・照会し、店舗の課題・問題点等を十分に理解できているか。	有・無 [　　　　　　]
⑦　顧客へのサービス向上のため、上席者からの勧奨・示唆によって自身の知識修得を図っている事項はあるか。	有・無 [　　　　　　]

内容〔概要・例示〕	要注意事項〔概要〕
⑧ 現在の担当業務について、喜びや達成感はあるか。また、今後の取組希望をもつ業務等はあるか。	有・無 [　　　　　　　]

(ロ)　管理者向け様式

内容〔概要・例示〕	要注意事項〔概要〕
① 近時の部店長会議等での共有対象事項のうち、特にリスク管理面で留意すべき事項には、具体的にどのようなものがあげられるか。	有・無 [　　　　　　　]
② 事故・不祥事件防止のため、近時、店舗内において注力している事項には、具体的にどのようなものがあげられるか。	有・無 [　　　　　　　]
③ 上記②において、自身が具体的に関与し、抑止・防止実現に寄与している事項には、具体的にどのようなものがあげられるか。	有・無 [　　　　　　　]
④ 現状における所管業務の繁忙状況をどうとらえ、コスト管理面との両立をどのように意識したオペレーションを実施させているか。	有・無 [　　　　　　　]
⑤ 業務執行時の取扱不明箇所には具体的にどのような事項があげられるか。〔マニュアルのわかりにくさ・端末によるチェック機能・本部の後方支援ほか〕	有・無 [　　　　　　　]
⑥ 自身の知識不足により、業務執行上で不安を抱えている事項には、具体的にどのようなものがあげられるか。	有・無 [　　　　　　　]
⑦ 顧客へのサービス向上のため、自身の問題意識もしくは上席者からの勧奨・示唆によって、現在知識修得を図っている事項はあるか。	有・無 [　　　　　　　]
⑧ 部下・後輩職員能力の詳細把握のため自身が実施している事項には、具体的にどのようなものがあげられるか。	有・無 [　　　　　　　]

⑨ 部下・後輩職員の知識向上のため、自身が直接に関与・実施している事項には、具体的にどのようなものがあげられるか。	有・無 [　　　　　　　　　　　　]	
⑩ 現在の担当業務について、喜びや達成感はあるか。また、今後の取組希望をもつ業務等はあるか。	有・無 [　　　　　　　　　　　　]	

(7) 外部発注・経費支払状況確認

イ 近時の外部発注・経費支払状況をめぐる概観

　近時の金融機関では、業務集中化に伴う専門性向上とローコスト・オペレーションの両立、さらには商品購入・サービス受給にあたってのスケール・メリット発揮による全体費用圧縮の観点からも、動産不動産や什器備品の購入・管理・諸経費支払ほか一連の作業を本部等で一括して行う傾向がみられる。

　しかしながら、一部の金融機関では、既往顧客からの取引上の要請、さらには顧客先への売上貢献ほか取引支援の一環として、営業店等の単位で相当量の商品購入・サービス受給と事後管理を行う姿がいまなお散見される。また、交際費も一定額が営業店に割り当てられ、各種情報収集や親睦を目的に会食費等の支払と管理がなされている。

　実態として、各種業績目標が与えられた営業店側にしてみれば、新規取引先獲得や既存取引先深耕の見返りとして商材購入を持ち掛けられれば、要望に応じてでも取引につなげたいという意向が働くことは想像に難くない。その一方、そうした要求は時にエスカレートする傾向もみられる。

　また、売上減に悩む支払先が行職員を巻き込み、正当な支払金額に金額を上乗せし請求書を発行させる手口もままみられる。同種の手口で組織的な不正を行ったのが、数年前に大々的に報道された宮崎県をはじめとする地方公共団体業者のいわゆる納入業者へのプール金をはじめとする"裏金問題"で

ある。金融機関においても、同様の手口によって親しい取引先との間で個人的着服が可能である。

　監査部門による臨店監査にあたっても、個別店舗に係る上記実態を可能な限り詳細に把握し、十分な検証を行うことが望ましい。実態聴取にあたっては、単なる伝票確認にとどまらず、複数の行職員から多面的に事態把握することで検証精度を高めるべきである。

□　チェックポイント

（例示／順不同）
- 一定期間内に一定回数以上の会食・経費支払を行った特定の顧客や飲食店はあるか。
　⇒支払明細を参照し、相手先・目的・成果等を精査のうえ確認。
- 各種飲食店・販売店・商店等の経費支払先のうち、渉外（外訪）担当者の訪問以外の（店舗への来店等の）実態上の接点がない先はあるか。
　⇒支払明細を参照し、営業店側の当該実態に対する認識を確認。
- 新規取引先のうち、商材購入など"反対取引"を伴ったものはあるか。
　⇒内容や取引実態に無理がないか、また、今後の見通し等について確認。
- 一定額以上の発注・購入に先立った検討・選定過程は正当な手続にのっとったものか。
　⇒複数先からの見積書徴収が行われ、統括者・管理者を含めた適切な関与を経るなど、検討過程についてもれなく手続されているかを確認。
- 行職員に公益通報制度は理解され、浸透されているか。
　⇒外部発注・経費支払に伴う金融機関内外の風評や不透明な取引自体

も公益通報の対象となることが周知・浸透されているかを確認。

(8) 実施時の"突発性"確保のための留意事項

イ 近時の臨店監査実施をめぐる概観

　近時の監査部門に対しては、監査対象の広域化や監査手法の深化・高度化が求められる一方で、限られた経営資源とのやりくりも同時期に求められており、所属行職員が両立に悩む姿も珍しいものではなくなっている。実施方法見直しのなかにあっては、「監査自体を"予告・事前通知型"とすべきか、それともあくまでも全対象先を"突発型"とすべきか」と逡巡する声もまま聞かれる。しかしながら、"お化粧"をしていない日常の実態把握ならびに防止・抑止の観点からは、もちろん後者が望ましい。

　一方、金融機関であっても決算対応にまつわる業務は少なからず存在し、また月末・五十日の窓口対応や第3四半期の貸出需要への対応など、実際の業務の繁閑差も著しい。いわゆるプロパー行職員であれば、総じて当該実態を熟知しており、「多忙な時期に余分な業務を押し付けたくない」との意向が働きがちとなる。

　また、監査部門による内部監査といえども、位置づけ上は本部機能の1つによる業務執行に該当し、完全なる独立性が担保されているわけではない。このため、どうしても業務都合を勘案し、調整のなかで業務を執り行おうとする意向に引きずられがちとなる。さらにいえば、前例踏襲主義が色濃い金融機関の企業文化のなかで、「前年と同時期の日程・同様の内容でよい」「わざわざクレームがつくような変更は行いたくない」という意向が働きがちにもなる。

　しかしながら、こうした配慮が、内部監査の対象時期・実施内容の予測を招いてしまう。そもそも、監査部門は株主・出資者をはじめとする利害関係人や経営者の目となり耳となるべき存在であり、業務執行部門に常に緊張感

図表2-9　臨店監査時期（例示）

今年度予定		〈実施時期〉				前年度実施時期
		4	7	10	1	
〈内容〉	監査		○			9
	再監査			○		2
	動態1	○				5
	動態2				○	11

をもって接される"良識ある嫌われ役"となるべき存在なのである。よく知った者同士が馴れ合っていては、監査そのものに手心を加えてしまいかねなくなる。

　ゆえに、臨店時期や実施内容についても常に内容を見直し、結果として、毎回異なる実施時期・形式・順序・手法等により実施すべきである（図表2-9）。

　一例としては、監査のうち動態確認部分だけを切り離し、他の監査とは違うスケジュールで実施している金融機関もみられる。

☐　実施にあたっての留意事項

　監査の突発性を担保するためには、スケジュール情報の秘匿が避けられない。よって、必要に応じて監査部門内部でも情報共有に制限をもたらすこともやむをえない。

　また、営業店店内検査実施事項の検証にあたっても、むしろ「営業店が通常は実施を避ける時期」を見込んで実施する姿勢が問われることとなる。一例をあげれば、渉外担当者（外交担当者）の外出時（出発時）および帰店時における渉外鞄・営業用車両等に格納した持出し・持帰り携行物の調査などがあげられる。調査対象者に相応の負担は掛かるものの、月末月初・五十日等にこれらにあえて向き合う姿勢も時に必要となる。

(9) 臨時監査員（補助スタッフ）活用のポイント

　業務の種類や内容を問わず、統括者・従事者の能力の差異と業務に関する成果には強い相関関係が認められる。既述のとおり、行職員の能力は「能力＝知識×意欲」の構成要素に分解が可能なことから、双方の水準を高めることが問われ、監査部門による営業店への臨店監査時に臨時監査員（補助スタッフ）を帯同する場合も同様となる。

イ　原則的な位置づけ

　あらためて言うまでもなく、内部監査部門は、業務執行部門から独立して位置づけられて運営されることが望ましい。

　一方、事業規模の比較的小さい地域・中小金融機関などには、監査部門の営業店への臨店監査時に他部門の人員を補助登用して監査に臨む実態もままみられる。時には、「監査部門1名＋臨時監査員複数」の形態で実施する姿や、比較的業務執行に余裕がある店舗（僚店）から営業店長の認める行職員を派遣・帯同させて監査に臨む姿までもがみられる。

　しかしながら、部門間・当事者間における相互牽制態勢の構築・運用を実現させるという原理原則に照らし合わせれば、監査にあたって臨時監査員の助けを借りる姿が常態化する事態は正常とはいえない。ゆえに、あくまでも一時的なものとし、解消に向けた具体的施策を実施すべきである。

　特に、対象店舗を問わず本質的な監査内容には差異がない対営業店臨店監査において、臨時監査員を登用せざるをえないような実態は早急な解消を図るべきである。監査は金融機関の業務運営にあたっての典型的な費用であり、時には割り切って人的・技術的な補完を行う姿勢が望まれる。加えて、監査部門の所属スタッフが必要に応じて臨時監査員のもつノウハウを吸収し、監査部門所属スタッフで可能なオペレーションとなるよう考案・調整を図ることも避けられない。

ロ　運用にあたって
(イ)　監査執行能力の把握と補完

　近時の金融機関を取り巻く環境の激変は、営業店活動実態をも大きく変容させる直接の圧力となった。結果として、対営業店監査にあたっても、事務処理ほか最新の業務知識を絶えず更新するための行動が避けられないこととなった。

　他方、臨時監査員は必ずしも営業店業務全般に明るいわけではなく、取組意欲に富むばかりでもない。ゆえに、活動にあたっては、保有知識の更新を臨時監査員の良心にただ委ねるだけとせず、監査部門側が能動的・積極的に把握する機会をもつ必要がある（図表2−10）。

　この際、監査に先立って決定される臨時監査員の担当・対象を優先して行

図表2−10　臨時監査員保有知識実態確認書（例示）

```
「臨時監査員保有知識実態確認書」

1．預金事務面
　　～（省略）～
2．融資事務面
　(1)　受　　付
　　　　住宅ローン・事業性融資・消費者ローン・代理貸付
　(2)　貸出稟議書作成
　(3)　不動産担保設定・解除
　(4)　延滞債権督促
　　　　対個人・対事業所
　(5)　延滞債権督促・回収
　　　　対個人・対事業所
　(6)　保証契約事務
　　　　保証人加入・脱退・変更
　　～（省略）～
3．為替事務面
　　～（省略）～
```

う必要があるものの、監査時に必要となる「対象店舗全体を俯瞰し、全体としての優先課題等を考える」ため、可能であれば範囲・分野を問わず全体にわたって実施することが望ましい。そのうえで、必要に応じて対象分野の基本規程・通達等を通知し、準備を促す必要がある。

　また、取組意欲についても照会し、実施にあたっての阻害要因等が確認できた場合には、臨時監査員の所属部門等とも協議のうえ実施に先立って調整を図るなど、機能化に向けた動きも必要となる。

　㈠　監査業務の重要性等に係る説明実施

　対本部のみならず対営業店監査時に臨時監査員を活用せざるをえない理由は、業務量に対しての人員不足に集約される。また、金融機関の企業文化からいって、そうした際に派遣される行職員は"売出中の若手"であることは少なく、ベテラン層が中心となる。率直にいってこれらベテラン行職員中には、意欲に欠ける者もままみられる。

　ゆえに、これら行職員にいま一度監査業務の重要性を認識させることで、取組意欲の向上機会としてもらい、結果として監査チームの一員として全体最適化に寄与させることがきわめて重要となる。

　対本部監査でも述べたように、監査の重要性や実施目的については、不動産取引における「重要事項の説明」のごとく一言一句噛み締めてもらうことも必要となろう。あわせて、直近の監査結果・店内検査結果からみる傾向と対策ほか他の監査員のもつノウハウを吸収させ、日常の所属部門における店内検査等に活かすことにとどまらず、臨時監査員のもつ業務関連知識の拠出とメンバー間の共有を通じて意欲を促すことも一案となる。いわば、「協力による意欲向上」である。

　人は、時に頼りにされることでよりいっそうの取組意欲をもつことがあるが、本件も当該着眼点に着目したものである。

　㈢　受監部門との「緊張感ある関係」の構築

　既述のとおり、臨時監査員として随行する行職員は総じてベテランが多い

ことから、臨店対象店舗に過去に所属経験があるなど、なんらかの業務上の接点をもっているケースが少なくない。場合によっては、監査部門に所属する行職員よりもずっと縁が深く、店舗に所属する行職員と個人的にも親しいということもままみられる。

そうした旧来の関係が負に作用すれば、時に店舗側が説明・主張する個別事情を必要以上に考慮したり、馴合いに至るほか、より直接的な"手心"をも加えかねない。最悪のケースでは、自身が関与した事故・不祥事件の隠匿を自ら行うことすら招きかねない。支援要員として役割を期待して登用したはずのところ、不十分な監査をされてしまっては、支援のための登用が逆効果となってしまう。

こうした事態を避けるためにも、登用に先立ち、臨時監査員のこれまでの臨店対象店舗との接点を定性面を含めて調査・把握しておくことが望ましい。また、実施時には、①臨時監査員に対しては、緊張感をもった適切な監査姿勢で臨むことが結果として金融機関の経営安定・発展に寄与することをあらためて説明すること、②必要に応じて受監部門統括者・管理にも緊張感ある関係の必要性やそのための注意事項についてあらためて通知を行うこと、さらには、③臨時監査員が店舗所属時や本部在籍時に直接かかわった案件を監査することがないよう担当分野等の調整を行うこと、にも留意が必要となる。

ハ　チェックポイント（例示）

臨店監査時の臨時監査員の活用・機能発揮のための確認事項について、以下にごく簡単に列挙する。

活用の有効化は、注意事項の確認と表裏一体ととらえることが肝要である。

(イ)　事前準備

（例示／順不同）
・対象店舗の監査対象期間と臨時監査員の店舗所属期間の突合せを行っ

たか。
- 臨時監査員自身が直接にかかわった分野以外の担当を割り当てたか。
- 担当分野を取り巻く法律・制度を理解させたか。
- 担当分野に直接・間接に関係する規程・通達をもれなく理解させたか（事務取扱いについても、「なんとなくわかっている」状態ではなく、関係要領等を参照させ、正確な事務処理を修得させたか）。
- （動態確認ほか実施対象を特定した監査を含め）対象店舗の前回の監査結果・対象店舗の近時の店内検査結果を参照させ、実態を類推させたか。
- 対象部門の関係部門から関係情報を入手のうえ、当該内容を参照させたか。
- 臨時監査員を含めた監査員全員の担当と監査対象全体の突合せを行ったうえ、対象店舗に係る課題の仮説を含む必要十分な事前ミーティングを行ったか。
- 監査部門長の指揮・命令下で業務を遂行することを理解させたか。
- 監査部門所属行職員として絶対的な禁止事項を理解させたか。

㈩　営業店臨店監査中

（例示／順不同）
- 臨時監査員自身から「監査対象営業店・対象者との一定の緊張感が必要である」旨のコメントが聞かれたか。
- 営業店所属行職員と臨時監査員の個人的な会食等はみられなかったか。
- 実施事項・対象内容についての不明事項等の"都合の悪い情報"は他の監査員へ還元されたか。
- 後輩行職員等との面談時に"聴く力"の欠如がみられることはなかっ

> たか。
> ・自身の担当分野の監査にこだわるあまり、他の監査員への協力姿勢を欠くことはなかったか。
> ・監査対象店舗の課題・問題点をだれにでもわかる平易な表現で他の監査員へ随時還元・情報共有したか。

(ハ) 実 施 後

> （例示／順不同）
> ・監査結果関係報告書の提出期限を伝え、進捗管理を図ったか。
> ・監査結果関係報告書は、だれにでもわかる平易な表現で記載・作成したか。
> ・対象店舗の監査結果について、単なる指摘にとどまらず、実態をふまえた効果的な具体策を考案のうえ、監査部門行職員へ還元したか。
> ・自身の口から「監査関係情報を口外・外部流出させない」旨のコメントが聞かれたか。
> ・臨時監査員のもつ業務関連知識について、監査部門行職員側がすみやかな吸収を図ったか。

　臨時監査員の活用が、「経験は確かにあったのだが、年月の経過とともに随分変わっていて、一部ついていけないところがあった」あるいは「わかるところはみたが、わからないところは正直そのままとした」等の結果、すなわち"だれもカバーしない範囲"をもたらすことになれば、全体として十分な営業店（臨店）監査とはならなくなる。これは、本部・営業店を問わず絶対に避けなければならない事態である。
　臨時監査員とて同じ人間・同じ行職員であり、人間のもつ弱さも保有しているなど、完璧な存在ではない。この一方で、各種経験に裏打ちされた業務

知識を保有し、"第三者"の視点での監査活動を検証できるなど、機能として有効な面をも保有している。ゆえに、適切な相互牽制のなかで知識を効果的に吸収し、臨時監査員の活用なしに業務遂行が図れるよう早期の見直しを図ることが望ましい。

(10) 経営陣への迅速・的確な報告実施のために

　既述のとおり、監査・検査は株主・経営者等の"目"となり"耳"となる機能が期待されている。ゆえに、公平・公正な目線で事実を詳細に把握し、経営陣ほか然るべき人物・組織にすみやかに報告を行う必要があることは論をまたない。見方を変えれば、溜め置くこと自体が悪い意味での権力につながってしまう危険性をはらんでいるともいえる。

　実態をかんがみると、近時の金融機関営業店における取扱業務の広がりとその一方での少人数化は、営業店所属行職員への負担と結果面でのオペレーション・ミス等を相応にもたらしている。また、行職員は職位等を問わず多忙でもあり、低成長経済下のなかでの営業推進活動にも追われていることから、店内検査に必ずしも十二分な時間や人員が割り当てられているわけではない。こうした背景のもと、監査部門の臨店監査によって検証される結果は必ずしも芳しいものばかりではなく、なかには、事件性を伴うものが含まれる可能性もある。

　他方、所管する業務機能ごとに分掌が切り分けられ、結果的に業務機能が各々1つに限定される本部に比べ、同種の機能が複数に及び、店舗数自体も多数に及ぶ営業店の監査結果は、時に、本部と比べても注目度が劣後する。報告を受ける経営陣側も業務に追われるなかにあっては、結果として報告自体が遅れがちとなる事態にもなりかねない。

　こうしたことから、監査結果の報告にあたっては、報告する側・される側の双方に創意工夫が求められることになる。具体的には、報告に係る基本的なルール設定と緊急度・重要度の事前評価に沿った報告が鍵となる。

本欄では、報告にあたっての確認事項をごく簡単に列挙する。

（例示／順不同）
- "第一報"の報告対象者については、対象者不在時等を含めた対応が明確に定められているか。
- "第一報"は業務所管本部との調整や業務所管本部の実態詳細把握に先んじて行うルールとされているか。
- 監査実施から最高経営幹部への報告期限には、監査による検証・把握内容に応じた"段階"が設定されているか。
- 最高経営幹部への報告にあたり、緊急性に応じて関係部門を同時召集できるルールとされているか。
- 最高経営幹部側は、"聴く力"を備えているか。
- 監査部門の報告者は、部門長や担当役員等の形式主義に優先し、実態を最もよく知る監査実施者等とする定めはあるか。
- 報告にあたり、監査対象店舗を慮るばかりでなく、「悪い報告ほど重要」の合意形成が最高経営幹部・監査部門双方で形成されているか。
- "第一報"に限定せず、主管部門の詳細把握や対応策立案についても、監査部門側が随時協力するルールとされているか。

　本件機能化の鍵は、監査部門および最高経営幹部の重要性認識によるところが大きい。既述のとおり、すべての部門・個人には潜在的な弱さがあり、監査部門側とてこの例外ではない。ゆえに、明白な事件性等がうかがい知れない事象の事前評価等にあたっては、担当を監査部門に限定させずにリスク管理部門等を関与させることも一案である。

　特に、店内検査と監査部監査の結果の乖離から推察される事象は根深く、場合によっては重篤な事態をはらんでいることも少なくない。他方、一見しただけでは原因や背景が特定しがたいものも多い。監査部門には、検証した

数多の実態のなかで「危険性あり」の兆候を抽出のうえ、すみやかに最高経営幹部を含めた経営陣に伝える役割等が求められることとなるが、あくまでも性悪説の立場を堅持して決して軽視せず、「迷ったら一人・単独部門で判断しない」姿勢が肝要となる。

経営側にも、「結果として事件性なし」の結論はむしろ喜ぶべきことと認識し、結果のいかんにかかわらず早期報告・警告それ自体を歓迎する姿勢が欠かせない。「事実関係をよく確認してから報告せよ」等の糾弾を行えば、情報自体が不必要に濾過される事態をもたらし、それが経営判断の誤りにもつながりかねないことをいま一度認識すべきであろう。

⑾ 対象部門・関連部門への連絡・示達時の留意事項

監査部門は実態検証を担う部門であり、検証後の具体的な改善策・再発防止策は業務を所管する本部等の手に委ねられる。

このため、経営側への報告時等に基本的な対応方針を示されるかたちで事後対応を進めるなかにあっては、時に監査部門には、対策主管部門を「動かす」調整機能が期待されることとなる。

本部・営業店を問わず金融機関行職員は総じて忙殺の渦中にあり、年度の事業計画・予算等で進捗管理もなされている。そうしたなかで計画外の新規業務対応を強いられることは、必ずしも歓迎されない。また、既述のとおり、本質的な問題が根深ければ根深いほど、実態的にも単一の部門だけで完結対応が図れることは少なくなり、見直しの所管についても複数部門にまたがり、そのなかでの調整も必要となる。このことがさらに嫌気され、「これはうちじゃない」という回答を招くこととなる。

ゆえに、監査部門にあっては、対象部門との調整によって活動を前向きに進めさせる機能が期待される。調整にあたっての留意事項を以下に例示する。

（例示／順不同）
- 事後対応所管部門と対応の必要性についての認識を共有するため、顕在化リスクに加えて、潜在リスクについても原因や背景を含めて必要十分に解説する。
- 単に検証結果を伝えて"丸投げ"するにとどまらず、監査部門側の改善提案をもち、事後対応所管部門側と「ともに原案を構築する」姿勢で臨む。
- 事後対応所管部門が複数に及ぶ（と見込まれる）場合には、緊急性ほか必要に応じ、初期の複数部門を交えた協議の場を設定する。
- 事後対応に伴って見込まれる必要人員手当や年度事業計画・予算への反映など、事後対応所管部門が総合調整部門や人事部門との調整を要する場合には、必要に応じ状況説明ほか助力を行う。
- 事後対応への理解・浸透への具体的検証方策ほか、監査部門自身が担う役割を伝えることで協力姿勢を示す。

⑿ （指摘・指示事項に対する）改善施策の進捗確認時の留意事項

イ 対臨店実施店舗

　店舗に一定期間滞在して実施される臨店監査は、年1回の頻度の金融機関が大部分と見込まれる。このため、監査結果が悪く再監査の対象となったような店舗を除けば、当該臨店を終えて「ひと息つける」というのが受監店舗側の本音である。言うまでもなく、監査は一時点の抽出・実態検証にすぎず、すべてをみきれているわけでもない。より重要なことは、監査に伴って判明した検証結果に対する改善施策の実行なのだが、その前に「ある種の誤った"達成感"」を得てしまうのである。

また、業績目標・予算等の達成に向けて、高い頻度で営業店側と接触し、叱咤激励する営業推進部門からの声に比べ、監査部門からの声はどうしても後回しにされがちとなる。心理的にも、表彰制度等のなかで光が当たる獲得業務等に比べ、リスク管理業務はどちらかといえば地味であり、前向きな気持ちで取り組む意欲も沸き起こりにくい。

　このため、監査部門の監査実施後の進捗確認においても、上記実態をふまえた対応が望まれる。型どおりの確認で終わらせることなく、有効化を後押しするための留意事項を以下に例示する。

（例示／順不同）
・単に「期限を守れ」「報告せよ」の姿勢で臨むことなく、実態に応じた助言ほかを継続的に実施する。
・課題・問題点を指摘するだけでなく、カウンセリングやコンサルティングの視点をもって臨店実施店舗関係者と接する。
・人事部門・営業推進部門ほかにも必要に応じ状況説明・助言等を行い、情報共有と課題解決機能の強化を図る。

☐　対事後対応所管本部

　年度を通じて実施される営業店への臨店監査で判明したさまざまな実態には、本部において事後対応を要する事実も多数含まれることとなるが、各事業年度計画に沿って行動している本部にとっては、期の途中で発生する新たな業務は決して歓迎すべきものではない。年度当初の事業計画には含まれていない一方で、可及的すみやかな対応が求められる事態に対しては、本音としては「期の途中で突然降りかかる火の粉」ととらえているケースも少なくない。

　そもそも、金融機関には保守的な体質・縦割りな気質の企業文化があり、事業規模の大小を問わず、総じて"大企業病"に冒されているともいえる。

このため、年度途中の柔軟な変更よりも「部利部益・前例踏襲・事なかれ主義」が蔓延しがちであり、計画の見直しに係る抵抗感は非常に強い。その傾向は、特に本部でより顕著となる。よって、「年度当初に決まっていたこと＞後から監査によって発覚してやる必要が生じたこと」の意識・態度に陥ることも少なくない。そうした体質への指摘を通じて体質改善の一助に貢献することも、"第三者の目"を備える監査部門に期待される役割の一つと考えられる。

他方、監査部門から事後対応所管部門に対し伝えられる連絡・示達は必ずしも強制力をもつものばかりではなく、結果として対応遅延をも招きかねない。

このため、監査部門からの対応連絡後の進捗確認にあたっても、上記実態をふまえた対応が必要となる。対応にあたっての留意事項を以下に例示する。

（例示／順不同）

・危険性や緊急性についての注意喚起のため、背景や検証結果を必要十分に説明する。

・単に"丸投げ"とせず、対策にあたっての監査部門側の案をももち、所管部門側に示す。

・以降の監査部監査・店内検査等への反映のため、必要に応じ業務所管部門との役割分担を協議・決定する。

・単なる合意形成にとどまらず、対応期限を設定する。

・必要に応じ、進捗管理報告の形態を担当役員等を交えたかたちで実施する。

「事後対応部門は、進捗管理しなければ対応を怠る」あるいは「監査部門は、いうだけで何もしない」との相互批判の事態を招かぬようにするために

は、相互理解のための創意工夫も必要となる。金融機関の経営安定・発展は双方が望むことであり、目指す姿はそこにあることにあらためて触れることも一案である。

5 監査部門（自身）への監査高度化のために

(1) 監査部門への監査にみられる実施状況と課題

イ 監査部門がもつ"部門文化"

　各企業・団体はその歴史のなかで培われた企業文化を個々に保有しているが、個別金融機関の枠を超えて、本部各部門にも同様に"部門文化"とでも呼ぶようなものをもつ。このような文化には功罪両面があるが、行職員がこれらの部門に身を置くうちに、その行動を知らず知らずのうちに倣い、同種のものの見方や行動様式が次第に伝播していくようになる傾向がみられる。また、オーバー・バンキングを背景とした金融機関へのコスト削減圧力のなかでの人件費圧縮・少人数化は、同一部門への長期在籍あるいは元所属部門への帰還ほかローテーションの固定化を招き、このような"文化"をより強めることとなっている。

　他方、監査部門の部門文化に着目すれば、堅確・実直である一方、保守的で、ともすれば聖域化・圧力団体化しがちな面をもあわせもつ。後者に着目すれば、ひどいケースでは、監査実施に伴って被監査部門側の支払による飲食等を受ける事例などがみられ、ある種の清潔さが求められることを自覚していないことがうかがえる。このほか、旧態依然とした監査手法にこだわりをみせる事例や、監査結果の役員への報告を盾に自身の思想や考え方を受監部門に強要する事例もみられる。

　近時の金融機関経営において、監査機能の強化は不可欠な要素であるが、

内容や行動が伴うものでなければ、逆効果となりかねない。鋭い包丁は使い手を選ぶのである。他方、既述のとおり、人間は生まれつき弱い生き物であり、監査部門所属行職員とてこの例外ではない。金融犯罪に直接手を染めるケースだけでなく、加齢によってより保守的な発想・行動となり、結果として新たな手法の採用を怠るような事例も、ある種の弱さが顕在化したものととらえられる。

□ 内部監査基準にみる品質管理の重要性

社団法人日本内部監査協会が平成16年6月に改訂した内部監査基準には、内部監査の品質管理に係る記載がみられる。

以下に関連する事項を紹介する（下線は著者による）。

---

〔4〕内部監査の品質管理

1．品質管理プログラムの作成と保持

　　内部監査部門長は、個々の内部監査および内部監査部門全体としての品質を保証できるよう、内部監査活動の有効性を持続的に監視する品質管理プログラムを作成し、保持しなければならない。

　　（略）

2．品質管理プログラムによる評価の実施

　　内部監査部門長は、内部評価と外部評価とから成る品質管理プログラム全般の効果的な評価のための手順を明示しなければならない。

　　内部評価は、部門内の自己評価と、組織体内の他部門による定期的な評価とから成る。

　　外部評価は、組織体外の適格かつ独立の者によって、少なくとも5年ごとに実施されることとする。

3．品質管理プログラムによる評価結果の報告

　　内部監査部門長は、品質管理プログラムによる評価結果を最高経営

者および取締役会、またはそのいずれか報告しなければならない。

　記載事項は、「内部監査の品質保証のため、組織内外の他者の目によって(内部)監査部門全体への評価を行い、これを経営に報告する」ことを求めたものである。組織内外双方の評価というかたちが望ましいものの、少なくとも、組織内の他部門による定期的な評価を行うべきである。

　内部監査の品質管理面だけを切り出せば、本邦内企業・団体のうちでも金融機関は決して進んだ位置にあるわけではない。むしろ、メーカー等に遅れをとっていることも認識すべきである。

八　監査部門への監査実態

　監査部門には他部店に先んじて範を垂れ、業務内容・姿勢面についても随時見直しを実施し、他部門を主導する役割も期待されている。これらの役割が十分に果たせなければ、他部門への説得力も十分に備えられないこととなる。

　そうした監査部門の業務執行状況について、監査を通じて検証することは非常に有効である一方、実態としては、自部門内における店内検査だけがなされているケースや、その検証すらなされてないケースが圧倒的に多い。実際に筆者自身が動態確認を手伝ったなかでも、監査部門所属行職員の事務机の鍵が未施錠という事例すらみられた。ある種の悪しき"治外法権化"である。

　監査部門所属行職員にあっては、いま一度他部門による監査受監の必要性について認識してほしい。

(2)　対監査部門監査の実施部門

　実際の監査部門への監査実施部門としては、以下の選択肢などが考えられる。

イ　本部他部門

　リスク管理機能を統括管理するリスク管理部門や、本部機能を統括管理する企画部門・総合調整部門に監査実施部門を担わせることが考えられる。

　また、経営監査を担当する監査役室・監査役付（もしくは監事室・監事付）に所属する行職員すなわち事務方に監査実施部門を担わせることも考えられる。

ロ　部門内

　複数班体制での臨店監査が可能な陣容となっているなど、相応の人員を擁する場合には、部門を複数班に分け、相互牽制を図りながら相互に監査を実施する手法も考えられる。

　他方、"身内"意識や部門長への悪い意味での配慮ほか部門内ならではの不十分さをも残すため、十分な牽制にはならないことを認識のうえ、あくまで限定的に取り扱うことが望ましい。

(3) "お手盛り監査"に終わらないための知識修得

　監査部門による他部門への監査実施時と同様に、本部他部門等による監査部門への監査実施にあたっても、実効性向上が求められる。具体的には、実施の突発性を確保するとともに、受監部門である監査部門との議論に耐えうる基本知識の修得が不可欠となる。

　以下において、特に知識修得面に係るチェックポイントをごく簡単に列挙する。

イ　対象分野

（例示／順不同）

・法律・制度改正ほか近時の監査部門に求められるトピックを参照・理解できているか。

・他金融機関の監査部門の動向・事例を参照・理解できているか。

- 直近の当局検査・日本銀行考査に伴う報告書・意見書等を参照・理解できているか。
- ALM委員会・リスク管理委員会等部門を横断した委員会組織の議事録を参照・理解できているか。
- 本部発信規程・要領・通達を理解しているか。
- 営業店の業績に係る概要を理解しているか。
- 監査部門の年間事業計画を参照・理解できているか。
- 前回の対監査部門監査の内容・結果を参照・理解できているか。

☐ 具体的方法

(例示／順不同)
- 監査計画への検証を以下の観点から実施する。
    ① 立案にあたっての考え方
      (⇒金融機関を取り巻く環境から求められている視点を網羅しているか)
    ② 期中の変更状況
      (⇒必要に応じ柔軟に対応しているか)
    ③ 進捗結果
      (⇒計画どおり進捗しているか)
    ④ 他部門の監査結果に対する考察と活動への反映
      (⇒監査手法等への見直しに随時反映しているか)
- 役員・受監部門への通知と対応施策の進捗管理手法・結果についての検証を実施する。
- 監査部門所属行職員個々人の保有・発揮能力（＝知識×意欲）についての検証を実施する。
- 監査部門店内検査の内容と結果に対する再発防止策を検証する。
- 必要に応じ、受監部門の納得性とその理由を聴取のうえ、監査部門側

> 意見との突合せによる検証を実施する。

(4) 実施にあたっての留意事項

　監査部門への監査が未実施または狭い範囲でしか実施されていない場合には、特に実施の初期段階で、さまざまな課題が噴出し、場合によっては立ち往生することも想像に難くない。

　以下において、有効性を高めるための留意事項についてごく簡単に列挙する。

イ　権限者の了解を取り付けること

　監査部門担当役員に加え、必要に応じて代表権をもつ役員を含め、経営トップの了解を取り付けることが望ましい。

　この際、監査の実効性向上のため、おざなりの監査にとどまらずに徹底性をもって臨むことについてもあわせて了解を取り付けることが肝要となる。

ロ　混乱をもたらさないよう配慮すること

　他部門への監査の検証のため監査部門の監査に同行するような場合には、(他本部・営業店等の)受監部門の混乱を避けるため、監査に影響を与えぬよう最大限の配慮を行い、現地での作業は記録程度にとどめる配慮が必要となる。また、受監部門行職員のプライバシー等へも配慮することに留意されたい。

　監査の信頼性を損ねる行為について厳に慎み、前向きな実施に協力することが望ましい。

ハ　徹底して議論すること

　監査部門側の「今回の監査実施時にはたまたま実施していないだけで、重要性や手続については十分理解している」等のコメントに流されることなく、内容について徹底して議論し、具体的な改善策や再発防止策を考案する姿勢を堅持することが望ましい。

二　監査結果への信頼性を高めること

　監査部門による他部門への監査と同様、対監査部門監査にあたっても監査結果を可能な限り具体的に公表し、制度に対する信頼を高める工夫を実施することが望ましい。

　必要に応じ、本部部門表彰等に「監査部門の業績」として反映を行うことも一案である。

第 3 章
営業店店内検査の実効性向上のために

Ⅰ 実効性向上が求められる背景

(1) 事故・不祥事件の大部分の発生場所

　近時の内部行職員による事故・不祥事件を振り返ってみると、その発生場所の大部分を営業店が占める。市中金融機関において、従業員の所属部門の過半数を占めるのは営業店であるが、事故・不祥事件に限れば営業店の占有率は配置人員比率以上の数字に達している。この背景に、現金をはじめとする重要物や顧客をはじめとする"対象"に近く、直接触れる機会も多いことがあると見込む。既述のとおり、人間はだれしも弱く、時に誘惑に抗えなくなる。その意味では、営業店は誘惑が多い部署ともいえる。

　この一方、"舞台"となった営業店では、行職員から「まさか自分のところで……」「うちの店は大丈夫だと思っていたのだが……」の声を多く聞く。そうしたギャップは大きく、金融機関の事故・不祥事件が続くなかにあっても"対岸の火事"の意識を払拭させることのむずかしさを示している。率直にいって、事故・不祥事の発覚に伴って指摘されるのは「店内検査・監査部監査ではわからなかったのか」「なぜ見つけることができなかったのか」なのだが、そうなってからでは後悔先に立たずなのである。

　預金者をはじめとする顧客が金融機関を選定する第一の理由は、なんといっても信頼感である。相手に安心感をもてなければ、"命の次"に大事な金銭を預けることはできないからである。大きな事故や不祥事件の発生に伴う金融機関名や支店名の報道は、相応のダメージをももたらすこととなる。

　ゆえに、近時の金融機関経営においては、事務の事後確認や修正に重きを置いていた従来の店内検査から発想を転換し、「その気になればこういうことができる」「この方法ならば発覚しないのでは」等の着眼点でリスクコントロールを図る姿勢が問われることになる。店内検査はそうした手段を考案

し検証するまたとない機会にもなりうるのである。繰り返しになるが、後悔してからでは遅い。よって、所属行職員全員に常時そのことを認識させる必要がある。

(2) 非常にむずかしい「発生後の信頼回復」

　実態として、金融機関は、事故・不祥事の公表・発覚と時を同じくして、顧客をはじめとする利害関係人からのさまざまな反応への応対を強いられる。具体的には、実態の詳細な照会や自身の預金の保全状況のほか、苦情や苦言、また激励も寄せられる。その矢面に立ち、顧客と直接向き合わなければなければならないのも、営業店行職員である。

　状況によっては、事故・不祥事の公表・発覚と前後して、全店規模での膨大な追加調査をも強いられる。初期対応が一段落した後には再発防止策の実施が必要となるが、ここでもかなりの負担感を伴う。これら一連の対応は営業店担当者に非常に重くのし掛かるが、営業店に配属できる人員には限りがあり、各自が処理できる事務量にも限りがあることから、結果的に前向きな業務に振り向ける時間を奪うこととなる。

　他の業態と同様に、金融機関においても、一度失った信頼の回復のためには、日常業務の積重ね、さらにいえば「正確な事務処理」「"かゆいところに手が届く"気配り」「迅速で的確な情報提供」等によってもたらされる。

　この一方、金融機関は安定決算の実現によって金融システム安定化にも寄与する必要があり、ゆえにコスト管理も当然に強いられる。よって、採用・配属できる人員も制限されることとなる。事故・不祥事件の事後対応や再発防止策を行うためには、通常活動に割ける人的資源の削減をせざるをえなくなり、場合によっては、ライバルとの競争のなかでも後手に回らざるをえなくもなる。事故・不祥事件発生後の信頼回復がむずかしい理由はここにもある。

　もっといえば、これらは営業推進面へのマイナスに直結する。再発防止策

実施時には設備投資を要することとなることも少なくないが、このための費用を稼ぐこともままならなくなるのである。そうなる前に、「本当に高い代償となる」ことを行職員に認識させておく必要がある。

(3) "身内"ゆえの抵抗感

近時の内部行職員による金融犯罪の横行のなか、金融機関側もただ手をこまねいてきたわけではなく、さまざまな取組みに注力し、行政をはじめとする関係機関もこれを後押ししてきた。しかし、金融業界全体でみれば、残念ながらそれでも事故・不祥事件がなくならないという厳然たる事実がある。

序章で述べた金融機関行職員を取り巻く環境をふまえれば、今後も金融機関における事故・不祥事件を完全に撲滅することはむずかしい。「いまなお事故・不祥事件が潜んでいる可能性は否定しきれない」とあらためて認識のうえ、なんらかの兆候を把握した時点で組織をあげてすみやかな実態把握を図り、善後策を講じる必要がある。その第一歩は、「異変を感じた行職員にすみやかに報告・連絡・相談させる」ことである。

一方、事故・不祥事件の大部分の発生場所である営業店に目を移すと、報告等に対する抵抗感が根強く横たわる。関係者が事故・不祥事件を振り返るなかで「いま考えれば、おかしな行動がみられた」「おかしいとは思っていたのだが、いいにくかった」等の言葉が数多くみられることがそれを証明している。"何か"を感じても、実際にそれを第三者に伝えるには非常に高い心理的ハードルを越える必要がある。

もとより、営業店の人間関係は営業店長を"家長"とした家族的で濃密なものであり、金融犯罪の防止・抑止よりも「あの人を信じたい」あるいは「疑って伝えたところで、もし間違っていたら自分自身がここにいづらくなる」等の気持ちが勝ってしまいがちである。また、実態として金融機関の営業現場では軽微な事務ミスに対する修正を日常的に行っており、何かを見つけても、「摘発＜修正」の意識で臨んでしまうことが少なくない。さらには、

上意下達の企業文化のなかで、「何かあったら、まずは営業店長に相談」の意識・行動様式が徹底されており、営業店長自身が犯罪に手を染める場合が想定されていないともいえる。

　日常の店内検査では、これらの前提をかんがみ、実態を検証するなかで、報告・連絡・相談が適切に実施される体制への構築を図るべきである。

❷ 店内検査実施担当者自身が抱える課題対応のために

(1) 担当行職員の志気・意欲向上策

　金融機関営業店で平均的にみられる組織形態は、図表3－1のような陣容である。

　少人数店舗では、次席者と3つのうちのいずれかの役席者の兼任、あるい

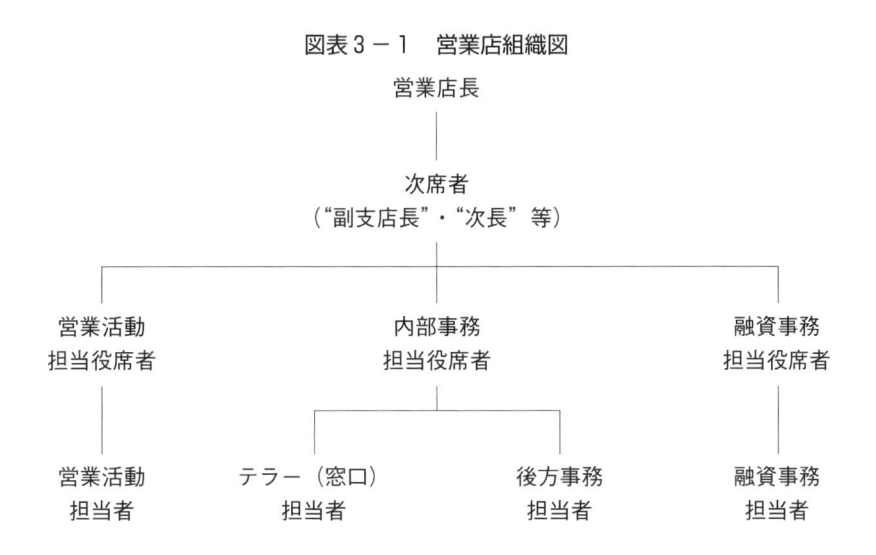

図表3－1　営業店組織図

```
                    営業店長
                      │
                    次席者
              ("副支店長"・"次長"等)
      ┌───────────────┼───────────────┐
   営業活動          内部事務          融資事務
   担当役席者        担当役席者        担当役席者
      │           ┌─────┴─────┐         │
   営業活動      テラー（窓口）  後方事務    融資事務
   担当者         担当者         担当者      担当者
```

第3章　営業店店内検査の実効性向上のために　135

は内部事務・融資事務役席者の兼任等により、さらに組織・陣容が簡素化されているケースもみられる。

　ごく一般的な店内検査では、検査対象を微妙に変えつつも月次等の頻度で実施され、おもに上記組織のうち上位から三段目に位置する役席者が検査担当者に任命されるかたちとなっている。他方、近時の人員総数が絞り込まれた店舗では、少数の役席者が各々の所管業務を交換し、多忙のなかでなんとか業務をやりくりしながら検査に向き合っている姿がごく一般的ともなっている。担当者の心情を代弁すれば、「重要性は十二分に認識しているが、毎月毎月のことに厭世気分がないといえば嘘になり、マンネリズムも感じている」あるいは「営業活動とは違って評価もされないので、正直いって乗り気薄のなかで対応している」という傾向がある。

　既述のとおり、著者は業務遂行・発揮能力を「能力＝知識×意欲」の構成要素でとらえており、他の業務と同様に、店内検査にもこの図式が当てはまると考える。特に、意欲面の減退は遂行能力、つまりは検査実施時の精度や感度を鈍らせる事態へ直結する。

　既述のとおり、事故・不祥事件の発生が金融機関全体に与える影響がこれだけ大きくなった現在にあっては、防止・抑止のための内部監査・店内検査の質・量双方の充実が避けられない。一方で、上記のような実効性低下要因がある以上、知識・意欲双方の要素を意図的にも向上させる必要がある。このうち意欲部分についても、戦略的な向上を図ることが実効性向上に直結する。

　本欄では、意欲面に係る着眼点をごく簡単に述べる。

イ　光を当てること

　預金・貸出金など業容拡大の数値目標ほかに追われる営業店にあっては、内部事務・店内検査ほか"守備"面の業務は、どうしても注目頻度が低くなり、ややもすると「うまくいって当たり前」と認識されがちとなる。さらには、金融機関によっては、営業活動担当者の新規獲得に特別ボーナスを出す

一方で、内部事務関係者には"加点"は特になく、逆に現金違算への課金を促す事例もみられる。こうした実態下にあっては「評価もされないし、面倒で飽き飽きする」と思うのも無理からぬことと解される。

働く動機や取組意欲の源泉は個々人により異なるものの、成果に対し十分な評価が得られて嫌な気分になる人は少ない。実態としては「店内検査それ自体への取組み・成果を店舗・個人の業績評価へ反映すること」がルール等によって明確に定められている金融機関はほとんどみられず、対応余地を残すと思われる。

以下に、評価にあたってのポイントを例示する。

（例示／順不同）
- 新規業務取扱開始や業務取扱変更等に伴い、有効な店内検査の考案・実施に貢献したか。
  ⇒業務の変遷に伴って検査手法にも手を加える必要がある一方、本部所管部門の対応が追いつかないことも少なくない。営業店において、それらについて実態面をふまえて補完することはきわめて有益なこととなる。
- 既存の店内検査実施方法に比べ、負荷が小さい一方で効果的な手法への見直しに貢献したか。
  ⇒たとえ店内検査であっても、費用対効果を検証しながら実施していく姿勢が求められることには変わりはない。ゆえに、実施担当者が検査手法をより効果的に見直していくことは、きわめて有効なこととなる。
- 店内検査結果と監査部門監査の受監結果との間に乖離がなく、必要十分に整備が図られていると立証されたか。
  ⇒店内検査が「不備なし」「良好」とある一方で、監査部門監査ではさまざまな不備が指摘される事例は枚挙に暇がない。当該実態は、

> 内部のみならず当局検査受検時等に指摘を受けることも多く、相応のダメージがもたらされることになる。ゆえに、年次程度の頻度での監査部監査受監時に十分な牽制効果が立証された場合、"加点"の取扱いとすることも一案である。

　なお、新規業務が絶え間なく開始され、多数の担当者が絶え間なく動き回り、そのなかで数多のオペレーションを行っているという実態がある以上、一定割合の事務ミスはだれが担っても発生する。旧来の手法にこだわってこれを指摘するばかりでは「金融機関の浮沈に直結する事態」が気づかれぬまま手つかずとなっている可能性を否定しきれないことを認識すべきである。

　これらの防止・抑止のためにも、「自身で考え、取扱方法を変容させる」ことができるモラルある行職員を求めていく必要があり、上記対応がこれらを後押しするかたちで相乗効果をもたらすことが望ましい。

□　発想の転換を促すこと

　外部環境の激変に伴い、近時の金融機関の取扱業務は加速度的な広域化・深化を示すこととなり、その担い手となる行職員にもそれに沿った知識・ノウハウの装備が求められることとなった。

　特に、顧客と直接向き合う営業店行職員に求められる内容は、実務に裏打ちされたものでなければ競争力がなく、価値がないものとなる。

　その意味で、店内検査を担うことにより、各業務の取扱手法と実態を細部までとらえ、そのうえで業務見直しを考えて実践することは、能力向上のまたとない機会にもなる。

　肝心なことは、担当者自らが"やらされている感"をもつことなく、"おもしろみ"をもって業務に臨むことである。以下に、取組勧奨にあたってのポイントを例示する。

（例示／順不同）
- 詳細な知識・ノウハウ向上が業務遂行上どのように役立つこととなるのかを、具体例をあげて必要十分に説明し、対象者の納得感を得ること。
 ⇒店内検査実施による知識修得が、実務上、どのような業務に直接・間接に相関するのかを可能な限り具体的に説明することが望ましい。
- 知識・ノウハウ修得目標と関連づけながら、必要に応じて業績考課の「能力開発」面への評価等に反映させること。
 ⇒半期程度の能力開発目標への設定に反映するなどの措置を講じ、定期的な進捗管理とともに一定の達成感をもたらすことが望ましい。

　また、店内検査というフィルターを通じた業務見直しにあたっては、金融機関における事務レベル向上の推奨機会として頻繁に実施される"事務合理化運動"あるいは"事務改善委員会"等へ反映させていくことも有効となる。単なる省力化を考えるのみならず、不正防止のための具体的方策を考案・実施することは全体生産性向上に直結する。

　なお、営業店統括者・管理者は、上記の説明に先立って、①店内検査の実際の事務量、②実施担当者の現時点での対応能力と想定される負荷、の双方を詳細に把握することが必要となる。統括者等の「自身も以前担当したことがあるのでだいたいわかっている」というだけの思い込みは誤った判断を導きかねない。

　場合によっては、再度自身でも取り組み、現在の業務内容を理解することも有効となる。

(2) かさむ業務量への対応施策

　取扱業務の広がりや深化の一方での配属人員の少数化や非常勤雇用人員比率の上昇は、行職員個々人への負担の増大との高い相関性をもたらす。一方、業務の複雑化・高度化・省力化はその分だけ危険性が高まることにもつながりかねない。
　そうした実態下でさらに上乗せされる店内検査への負担は小さくないが、実務者には、効率と実効性の両立のための創意工夫が求められる。
　以下に、見直しにあたっての切口をごく簡単に列挙する。

イ　日常業務への反映・落し込み

　本来、店内検査は"店内検査実施期間"に限って実施することが定められているわけではない。しかしながら、実態としては、月末月初や五十日等の繁忙日を避け、結果としてある程度まとまった期間に担当者が集中的に実施している金融機関が多数に及ぶ。
　当該実態下では、実施日程がある程度予測可能となり、性悪説に立った十分な牽制態勢が構築されているとは言いがたい。
　突発性確保と事務軽減の両立のためには、検査内容の日常業務への落し込みを図ることも一案となる。

ロ　能力開発による"実質的人員"の増強

　職位に応じた責任と権限が本部以上に明確に定められ、それゆえに本部以上に上意下達の企業風土をもつ営業店では、既述のとおり役席者を中心に店内検査が実施されているが、根源的には、店内検査担当者の職位等が法令等により定められているわけではない。
　典型的な例をあげれば、相対的に若く・職位も低い行職員が店内検査を担うことによって業務知識を深め、職務代行が可能になることは、繁忙時等の業務の平準化に加えて日常のリスク管理面でも直接的な強化に直結する。業務に明るくなることで、不正行為に対する監視の目も鋭くなる効果が期待で

きるからである。規程ほか基本ルールを紐解き、事務取扱実態を参照する作業を自ら実践することで実態をとらえ、事故・不祥事件防止策について自ら考え実行する一連の動作を通じ、能力開発を行える余地は広い。

　少人数によるオペレーションは多能化により補うことが原則となるが、当該原則は店内検査についても同様に当てはまり、直接的な生産性向上に直結することをあらためて認識されたい。

八　事前評価と手順の再考

　店内検査は、必ずしも担当者全員が一斉に行う必要はない。実施後の実態認識や再発防止策等は十分な共有や周知徹底が必要であるものの、極端にいえば、実施中の段階では、どの対象をだれが担っているのかを知る必要もない。ゆえに、保有リスク量や過去の検査結果からみられた事務過誤割合に応じて優先順位づけを行い、担当者一律ではなく、能力・適性に応じた振分けによって緊張感ある実施がなされる姿勢も時に必要となる。

　また、必要性や有効性に応じて本部機能と連携・協調を図ることで実効性を高めることも一案となる。既往実施例では、検査対象・検査担当者を本部側が突発的に定めてファクシミリにより全営業店に同時に通知し、一定時間までに十分な報告がなされない場合には、監査部門が即座に直接監査に着手する金融機関もみられる。

　店内検査の実施は日常の業務実態を目を変えて検証し、牽制機能の強化によって不正を摘発することが可能となるだけでなく、業務を適切に見直すことでサービスの質を高め、顧客への訴求力を向上させることも可能となる。営業店統括者・管理者にあっては、当該事実をいま一度意識することも一案と見込む。

　上記目的をかんがみ、少人数のなかでの有効なオペレーションを図るための、優先順位づけと効果的な手順への組換えは常時行われるべきである。

3 営業店店内検査の高度化のために

(1) 営業店店内検査にみられる実施状況・課題概要

　近時の金融機関を取り巻くローコスト化圧力のもと、営業店への配置人員も少数化を余儀なくされ、そのなかで実施される店内検査においては、現象面でさまざまな課題がみられる。
　以下に、現状においてみられる代表的な事象をごく簡単に列挙する。

（例示／順不同）

例①：同じ分野・対象についての検査を同じ担当者（役席者）が毎月同じような時期に実施し、内容面では、事務取扱いにかかる不備事項探しが大多数を占める。

例②：結果については営業・内部事務・融資事務の"課"の単位あるいはそれ以下の"係"の単位ごとに、自分たちが所管する内容についての修正指示が口頭だけで伝えられ、「全体を俯瞰して、どのような結果や傾向がみられるか」「原因・背景・課題の推定と今後どう再発防止を図るか」についての議論が十分になされない。

例③：営業店全体の結果についての説明を聞く機会や結果報告の全員回覧がなされず、「隣の課や係はどのような指摘を受け、どう改めたのか」について不明のままとなっている。

例④：営業店長あるいは営業店長を慮った担当者が検査結果の実態表記を躊躇し、"お化粧"を行ったうえで本部所管部門に報告する。その際、具体的な原因・傾向分析や再発防止策についても特に記載はみられない。

問題なのは、上記事態が日常化・普遍化することでだれもがその異常性を意識しない事態となり、悪しき傾向が人事異動等を通じて伝播し、金融機関全体の行動様式となることである。

　営業店統括者・管理者にあっては、念のため店内検査実態について、上記例示への該当状況を確認してほしい。

(2)　所属行職員の意識向上のために

　上記(1)事態の改善にあたっては、検査担当者のみならず、所属行職員全体への働き掛けが必要となる。

　以下に、意識向上のためのチェックポイントをごく簡単に列挙する。

（例示／順不同）
- 店内検査実施の意義や必要性について、自身の言葉で説明できるか。
- 立会いによる協力を含め、店内検査実施時の留意事項について、自身の言葉で説明できるか。
- 営業店長自身を含め、上席者が実施報告書に"手心"を加えるよう指示することはないか。
- 検査担当者の倦怠・不正の様子がみられた場合や検査結果・報告内容に納得できない場合の本部等の連絡・相談窓口を理解しているか。
- 業務内容の変遷に検査内容が追いついていないことに対して、不安を感じているか。
- 監査部門監査と店内検査の乖離について、内容・背景を詳細に理解しているか。
- これまでの店内検査への従事・関与経験で、自身に役立ったことはあるか。
- 現在、店内検査に活用・応用できる知識修得を図っているか。

どんな業務であれ、意欲をもって取り組めることは何よりの能力の1つである。逆説的には、所属行職員全体をそのようにもっていくのも上席者の腕の見せどころである。

店内検査は検査担当者だけのものではなく、周囲を巻き込んで行職員全員が実質的に参画する形態とすることが望ましい。

(3) "事務検査"に終わらないための知識修得

店内検査を単なる"事務検査"としないためには、意欲に加え、具体的知識の修得が必要となる。

修得時の着眼点としては、以下の3点を満たすことが望まれる。

---

① 取扱いに係る基本ルール・背景の理解
　⇒「どのような理由で現在の取扱方法としているか」への理解
② 取扱実態との対比
　⇒「基本ルールと実際の取扱実態との差異はどこにあるか」「差異が発生する原因はどこにあるか」への理解
③ リスクの把握と調整(control)策
　⇒「"死角"や"穴"はどこにあり、その防止・抑止にはどのような施策が有効か」への理解

以下に、基本知識修得にあたってのチェックポイントを切口別にごく簡単に列挙する。

イ 「共通」分野

(イ) チェックポイント

対象	確認内容	検査頻度［例］
鍵(保有)	正鍵・副鍵の番号・在高照合	四半期中1回以上

鍵（管理）	日中・業務終了後の鍵管理実態	月中1回以上
収入印紙	残高照合	同上
切手	残高照合	同上
重要物一時預り	目的・対象・期限・督促経緯ほか確認	同上
役席者カード	使用実態・管理実態ほか確認	四半期中1回以上
オペレータカード	同上	同上
重要用紙	種類・管理実態	同上
パーソナル・コンピュータ本体	外部持出し（盗難）防止・ログインパスワード・ネットワーク接続ほか管理実態	月中1回以上
パーソナル・コンピュータ周辺機器	接続媒体ほか管理実態	四半期中1回以上
個人情報	机上・壁・未施錠引出しへの放置・廃棄ほか管理実態	月中1回以上

(ロ) 具体的手法

　上記分野の店内検査にあたっては、鍵管理規程ほか直接的なルールのみならず、当該業務に関係する規程・要領・通達ほかをもれなく参照し、業務との関連を詳細部分まで理解しておくことが望ましい。一例をあげれば、収入印紙を貼付する該当帳票とその取扱いに係る基本ルール等である。事故・不祥事件が起こった後に「知らなかった」ではすまされないことを行職員各自、なかんずく店内検査担当者はいま一度肝に銘じる必要がある。

　なかでも、上記"共通"分野は、文字どおり全業務に共通するため、検査担当者を常に入れ換えることによる相互牽制と、経験を通じた知識修得を図ることが望ましい。

　他方、近時の規程・事務取扱要領・細則等基本ルールは膨大な分量に及び、すべてを読み込んで体系的に理解するには膨大な時間を要する。また、

実際のところ、事務取扱いに係る基本ルールをすべて網羅している金融機関ばかりでもない。

　このため、上記表右「検査頻度」欄記載の例は、このようなルールを順次理解する機会とすることが現実的となる。一例をあげれば、月中1回以上の頻度で確認する収入印紙について、①最初の月は「収入印紙取扱規程」の内容を理解し、②翌月は「預金事務取扱規程」のうち該当箇所を抽出のうえ理解し、③翌々月は「融資事務取扱規程」のうち該当箇所を抽出のうえ理解する、のような流れである。

　なお、実務上「同一業務の取扱方法が店舗によって異なる」という課題が非常によくみられ、各種ミスや事故・不祥事件等の主要因の1つにもなっている。このため、概念としての"店内検査"からは逸脱するが、僚店間の検査員の相互派遣により、①店舗における実態検証を"手加減"なしに行うこと、②事務取扱方法の差異を検証すること、の双方を意図したオペレーションを行うことも一案である。この際、談合・裏取引等を防ぐため、検査員の(突発的)指名や対象店舗・実施日・対象業務等の指示・指令は事務指導部門や監査部門等側が一元的に行うことが望ましく、制度の定着・適切な運営のため、必要に応じて本部行職員が同行することも有効となる。

□　「預金・庶務」分野

　(イ)　チェックポイント

対　　象	確認内容	検査頻度［例］
キャッシュカード	在高照合	月中1回以上
事故届	管理実態ほか確認	同上
本人確認	対応実態・関係書類等管理実態ほか確認	同上
書損・無効証書・通帳	管理実態確認	四半期中1回以上
不正利用口座	同上	月中1回以上

貸金庫	管理実態確認	半期中1回以上
仮勘定	取扱実態確認	四半期中1回以上
苦情対応	対応実態（記録・本部報告・事後対応）確認	月中1回以上

　(ロ)　具体的手法

　数多い預金顧客との取引のなかでは、さまざまな依頼・要望が寄せられ、これらについて適時適切に対応する姿勢が求められる。店内検査にあたっても、特に異例な取引等に着眼しこれを検証することで、実務知識を装備する姿勢が求められる。一例をあげれば、紛失ほか事故届の管理実態のみならず、その後の口座の動きを検証する際の確認手法等である。

　振り込め詐欺やオークション詐欺の横行等に伴い、口座の不正利用が絶えないなか、随時これらの情報を収集し、確認にあたる姿勢も求められる。

　なお、いわゆる"一線完結"の預金窓口形態としている場合には、検査実施時に後方事務担当者と一時的に担当を交代させ、通常業務の実施を通じて検証する施策も有効となる。

ハ　「出納・内国為替・代理業務・外国為替」分野

　(イ)　チェックポイント

対　　象	確認内容	検査頻度［例］
時間外現金	残高照合	月中1回以上
代金取立手形	同上	四半期中1回以上
代理業務	残高照合・現物照合	月中1回以上
預り権利証	管理実態確認	四半期中1回以上
外貨取引時本人確認	管理実態確認	月中1回以上
外為取引時確認事務	取扱実態確認	同上

㈹　具体的手法

　時間外現金の残高照合にあたっては、自動機（CD・ATM）の取扱方法を熟知することが必須条件となる。通常、現金残高照合は複数名で行われるが、検査担当者にあっては、この際に単なる立会いではなく、操作を通じて取扱方法を修得する姿勢が望まれる。

　また、いまなお代理業務を通じての着服もみられることから、契約書ほか基本ルールを参照させるなど、知的好奇心を喚起する手法も求められる。

二　「融資」分野

　㈠　チェックポイント

対　　　象	確認内容	検査頻度〔例〕
ローンカード	使用実態・管理実態ほか確認	月中1回以上
割引手形	現物残高照合	同上
手形貸付	同上	同上
預金・積金担保	現物照合	四半期中1回以上
有価証券担保	同上	同上
保証意思確認	確認書等管理実態確認	同上
苦情対応	対応実態（記録・本部報告・事後対応）確認	月中1回以上

　㈹　具体的手法

　浮貸しや実態のない事業先への融資ほか、預金と並んで不正な取引の手段としても利用される融資についても、日常の牽制態勢の構築がその防止・抑止の第一歩となる。

　割引手形や手形貸付の現物残高確認にあたっては、単に元帳と突き合わせるだけでなく、原因証書との突合せを通じて代表者名や事業内容に対しても理解を深めさせ、上記ハ「出納・内国為替・代理業務・外国為替」分野と同じく知的好奇心を喚起する手法も求められる。

また、金融円滑化法の施行に伴って融資取引をめぐる顧客対応にもよりいっそうの注意が求められることとなったことをかんがみ、取扱可否の判断基準、対本部報告実態、応対時の口上等の基本知識を備え、苦情対応の検証を通じて実務知識を備えることが望まれる。必要に応じ、所管本部側から事例還元を行うことも有効となる。

ホ 「営業（渉外）」分野

(イ) チェックポイント

対　　象	確認内容	検査頻度［例］
受取証	使用状況・管理実態ほか確認	月中1回以上
定期積金	通帳の引上照合	四半期中1回以上
無鑑査集金	管理実態確認	半期中1回以上
現金届	取扱先管理	月中1回以上
外出・帰店時確認	携行書類・通帳等確認	四半期中1回以上

(ロ) 具体的手法

　定期積金通帳の引上照合は、一部金融機関では年1回程度の頻度で自動振替先を除く全先を対象に実施している事例がみられる。また、事故・不祥事件の温床となりがちな現金届の取扱いに際しても、"目"を変えて、必要性や削減交渉経緯等の検証を行うことが望ましい。

　また。外出・帰店時確認は、いわゆる営業（渉外）担当者のみならず、融資担当者・次席者・営業店長等をも対象とすることで、均一な視点で業務取組実態を検証することが望まれる。この際、各々が携行すべき書類等を整理させ、不要品はもたせないことも原始的なリスク管理強化策となることをあらためて申し添えたい。

(4) 店内検査実施体制の再確認

イ　求められる実施体制の機能化

　店内検査は部店全体として機能していることが求められる。換言すれば、いかに有能な行職員でも、それが少数かつ単独で動いていては、全体をカバーすることはできず、未対応部分やもれを生む。また、細部までルール化されることなく暗黙的な了解事項とされていることも少なくないが、一方で、それを全員に確認していない実態もある。

　このため、必要に応じ、店内検査の取り巻く実態自体を検証する必要が見込まれる。

ロ　インタビュー技法と着眼点

　この際のポイントの1つは、業務担当者へのインタビューとなる。手法について以下に例示する。

（例示／順不同）

・業務に対する繁忙実態
　―「人手不足はどのような業務について感じているか」
　―「どんなときに、どんなことが、どのくらい忙しくて困っているのか」
　―「『とてもじゃないが手が回らない』と感じる局面はあるか」
　―「『取扱方法がよくわからないが、上司・先輩も忙しいので聞きにくい』と感じることはあるか」

・基本ルールの有無ほか
　―「規程・要領・通達を参照しても理解できない業務はあるか」
　―「取扱方法が詳細部分まで定められていない業務はあるか」
　―「役席者や本部に照会しても明確に答えられない業務はあるか」
　―「『エラーにならず、どんなものでも端末処理できてしまう』と感

じているオペレーションはあるか」
・自身・周囲の理解・習熟状況ほか
　—「知識に不安を抱えたまま向き合っている業務はあるか」
　—「事務取扱いや顧客応対に『危うさ』を感じる行職員はいるか」
　—「知識・理解が不十分で『業務を知らない・わかっていない』『盲目的に部下職員に従うだけ』と感じる管理者・上席者はいるか」
　—「『多数の未経験者がいて、教え切れない』と感じている状況はないか」
・性悪説に立った管理態勢の構築ほか
　—「故障している防犯設備・装置や壊れたままの鍵が放置されていないか」
　—「日常だれもチェックしていない業務や事務はないか」
　—「店内検査・監査部監査では十分カバーできていないところはないか」
　—「『その気になったら、こういうことができてしまう』と感じる事態はないか」

　上記をただ機械的に述べるだけでなく、「たとえば、○○などはどうか」「△△と感じることはないか」等多数の具体例を列挙し、インタビュー相手の意識や感度を高め、そのうえで性悪説の観点で誘発するように仕向ける技術が問われる。

八　実施体制確認用様式

　以下に、店内検査の実施体制の確認事項のうち代表的なものを例示する。
　様式に沿った確認にあたっては、特定の人物・係等に限らず、部店全体の事象としてどのような実態下にあるかをありのまま把握し、すみやかに統括者・管理者に報告のうえ改善策を講じることが望ましい。

(イ) 店内検査実施体制（全体）

分類	内　　容	結果
基本的牽制態勢	1．「人数が少ない」「役席者がいない」等の理由で、自身の担当範囲を自身が検査しているようなことはないか	ない
		ある
	2．検査結果の取りまとめや報告よりも修正や訂正が先になされているようなことはないか	ない
		ある
	3．毎回同じような実施時期や検査対象範囲・内容で実施されることで、時期や内容が予測・特定できることはないか	ない
		ある
	4．不在・休暇者に対する検査も徹底して行われているか	いる
		いない
対象範囲	5．長期にわたってだれも検査対象としていない"空白の対象範囲"はないか	ない
		ある
	6．店内の活動にとどまらず、外部への行動も対象範囲としているか	いる
		いない
	7．営業店長や非常勤雇用者を含め、全員を対象としているか	いる
		いない
組織による対応	8．店内検査実施にあたり、非協力的な対応を示す行職員はだれ一人いないか	いない
		いる
	9．検査結果はありのまま・すみやかに本部主管部門宛てに送付・連絡されているか	いる
		いない
	10．店内検査結果に基づく再発防止策は、もれなく策定・実行されているか	いる
		いない

【解説】

　多数の業務を同時並行的に抱えることを余儀なくされる営業店では、検査

対象そのものも自ずと膨大な量になる。このため、店内検査の実施体制そのものについても実態把握を図り、効率化と実効性向上の両立を目指すことが問われる。

確認にあたっては、毅然たる態度を失うことなく、可能な限り多くの行職員に接するなかで全体像を把握し、同時に、改善策を生み出す姿勢が問われる。

(ロ) 検査担当者の実施能力

分類	内容	結果
知識面	1．検査担当者は、対象となる分野の知識を「業務を代位できる水準」まで保有しているか	いる / いない
	2．検査担当者は、「よくみられる間違い」や「取扱いにあたって調査すべきこと」を熟知しているか	いる / いない
	3．検査担当者は、直近の監査部門監査結果や店内検査結果を参照し、再発防止策とともに理解しているか	いる / いない
意欲面	4．検査担当者から、店内検査に係る不満や意欲の欠如を聞かされることはないか	ない / ある
	5．検査担当者は、検査結果に対する再発防止策を自ら率先して考案し、周囲をリードしているか	いる / いない

【解説】

実際のところ、店内検査が機能するか否かについては、検査担当者の"腕"すなわち能力に帰結するところが甚大である。営業店統括者・管理者は、当該事実をあらためて認識のうえ、「能力＝知識×意欲」の図式に占める双方の実態を把握し、具体的改善に努める姿勢が問われる。

適切な相互牽制体制を構築するとともに、検査担当者の能力開発についても時間軸を設定し、具体的に促進を図ることが望ましい。

(5) 日常業務実施体制の再確認

イ 求められる実施体制の機能化

　店内検査は、日常の業務実施体制の実態を検証するものにほかならない。よって、特定の営業日だけを注視するだけでなく"常態"をとらえることが望ましい。

　他方、一部の金融機関では、ともすると検査機関だけのやや繕った結果を"実態"あるいは"実力"としてとらえてしまう事例がみられる。

　このため、必要に応じ、日常業務の実施体制自体を検証し、各種の見直しを行う必要があることが見込まれる。

ロ 日常業務実施体制確認用様式

　以下に、日常業務の実施体制の確認事項のうち代表的なものを例示する。

(イ) 店舗管理面

分類	内容	結果
建物への入退館	1．鍵当番や営業店長を含め、単独の行職員による入退館が行われていないか	いない / いる
	2．繁忙日を含め、単独の行職員による時間外勤務が行われていないか	いない / いる
	3．休日勤務は最小限かつ複数の行職員で実施され、「休日に忘れ物を単独で取りに来る」扱いも原則禁止としているか	いる / いない
重要物・重要情報へのアクセス	4．勤務時間中の金庫内格子戸は常時施錠され、行職員の金庫室への入退室は第三者が認識できる状態にあるか	ある / ない
	5．重要物が格納された書庫は常時施錠され、行職員の金庫室への入退室は第三者が認識できる状態にあるか	ある / ない

【解説】

　実態として、店舗への入退館に係る明文化された基本ルール設定がなされていない金融機関も少なくない。現金をはじめ重要物や重要情報が格納された金融機関店舗は、常に犯罪集団や予備軍のターゲットとなっており、出入りにあたって複数名による細心の注意を要することは言うまでもない。

　同様に、上層階等への設置等がままみられる重要物の格納された書庫等についても、入庫書類が台帳等に記入・管理されていないだけでなく、入退出のルールが定められていないことが多いが、そうした"日常"が店内検査で検証されることもあまりみられない。

　営業店統括者・管理者にあっては、当該事態をあらためて認識のうえ、念のため上記実態を第三者の視点で確認すべきである。

(ロ)　重要物・重要書類管理

分類	内　　容	結果
重要物	1．日中の外出時に個人印の机上放置や、個人印が格納された机が施錠されていないことはないか	ない
		ある
	2．役席者カードが日中だれでも使える状態となっていないか	いない
		いる
重要書類	3．(1⇒4、1⇒7、1⇒9、3⇒8、5⇒6ほか)"なぞり訂正"の禁止は徹底されているか	いる
		いない
	4．顧客から長期預りとなっている書類はないか	ない
		ある
	5．顧客に交付した預り証の回収は徹底されているか	いる
		いない

【解説】

　重要物・重要書類の管理実態は、担当者の業務取組実態を把握するなかで、"氷山の一角"をうかがい知る際に有効となる。

特に、重要書類については、ある程度の時間を確保し、全対象物を参照することが望ましい。

(ハ) 顧客対応面

分類	内容	結果
日常対応	1. 便宜扱いが常態化している顧客はいないか	いない
		いる
	2. 便宜扱い解消について店舗全体で向き合わず、顧客を担当する行職員に任せきっていることはないか	ない
		ある
苦情対応	3. 顧客からのすべての苦情は受領時点ですみやかに営業店長ほか統括者に伝えられているか	いる
		いない
	4. 顧客からのすべての苦情はすみやかにもれなく記録されているか	いる
		いない
	5. 苦情顧客との面会にあたっては、原則複数名で行っているか	いる
		いない

【解説】

便宜扱いはトラブルの原因となりやすく、対応には消極姿勢で臨むことが望ましいが、解消を担当者1名に任せること自体が新たなトラブルをもたらしかねないことにも留意し、店舗全体で向き合うべきである。

また、金融円滑化法に関係する融資取引だけでなく、預金その他取引についても苦情をすみやかに上席者・所管本部に報告し、組織全体で共有・解決を図る体制となっているかを検証することも有益となる。

(6) 情報流出防止体制の再確認

イ 求められる流出防止体制の機能化

個人情報については、2005年4月の「個人情報の保護に関する法律」の全面施行に伴って一気に注目度が高まり、同時に情報流出が問題にもなった。

金融機関営業店においても、機微（センシティブ）情報を含む多数の個人情報を抱えており、実際の流出もすでに相応の件数が発生している。

営業店統括者・管理者には、自店においても同様な事故が発生する可能性があることを常に念頭に置き、店内検査の機能化に努める姿勢が問われる。

□ 流出防止体制確認用様式

以下に、情報流出の可能性を含む確認事項のうち代表的なものを例示する。

分類	内容	結果
顧客情報	1．本人特定情報以外の機微情報（国籍・本籍地・配偶者氏名・子息氏名等）の消しもれはないか	ない
		ある
	2．本人確認情報は必要部数以上の徴求がなされていないか	いない
		いる
	3．渉外活動用のバイクや自転車のカゴ・鞄には鍵・鎖ほか盗難防止措置が図られているか	いる
		いない
	4．顧客住所が特定できる地図ほか、余分なものをバイク・自転車に残してそこを離れていないか	いない
		いる
重要書類	5．破棄すべき情報は裁断処理の後に業者等に引き渡しているか	いる
		いない
	6．郵送・宅配等にあたり、"目"を変えた記入確認を行っているか	いる
		いない
	7．所損扱いすべきミスコピーやファクシミリ受信用紙の再利用はみられないか	ない
		ある
	8．いまやだれも使っていないロッカー・机等に古い書類等は格納されていないか	いない
		いる

重要機器	9．ファクシミリ送信にあたり、送信先（電話）番号の確認は複数名で行われているか	いる
		いない
	10．パーソナル・コンピュータ利用にあたり、外部記憶媒体の持込み・利用は厳しく制限されているか	いる
		いない
	11．パーソナル・コンピュータ利用にあたり、本体ハード・ディスク・ドライブの利用は厳しく制限されているか	いる
		いない
	12．パーソナル・コンピュータには、長時間離席時の画面保護機能が設定されているか	いる
		いない
	13．パーソナル・コンピュータ利用にあたり、外部へのメール発信時の管理者へのカーボン・コピー（CC）の同時発信ルールは義務づけられているか	いる
		いない
	14．パーソナル・コンピュータ利用にあたり、添付ファイルを伴う外部へのメール発信時のパスワード設定は義務づけられているか	いる
		いない
	15．インターネット閲覧用のパーソナル・コンピュータと事務取扱用パーソナル・コンピュータは分別もしくは相応のセキュリティ管理がなされているか	いる
		いない

【解説】

　流出防止にあたっては、「余分なものを受け取らない・持ち出さない」ことを基本姿勢とし、自身のみならず他者の目を活用して確認を行うことが望ましい。

　特に、ファクシミリやコンピュータ等機器の利用にあたっては、その機能が思わぬ流出結果につながりかねないことをかんがみ、取扱ルールの設定・運用ルールを検証することが望ましい。

(7) 所属行職員のリスク感応度の再確認

イ　求められるリスク感応度の検証

　店内検査の実施により確認できる事態は一時点の事象であり、保有する潜在リスクへの認識が不十分であれば、予期せぬ顕在化を招く可能性を残す。潜在リスクを認知し、そのうえで事故・不祥事件を防止・抑止するためには、店内行職員のリスク感覚を研ぎ澄ますことが肝要となる。

　他方、営業店での日常業務は膨大かつ連続的であり、とかく、疑問をもつ以前に「こなす」あるいは「流す」事態に陥りやすい。

　営業店統括者・管理者にあっては、「現在顕在化していないことが未然防止策を機能していることを立証している」とは限らないことを念頭に置き、念のため以下の実態について第三者の視点で検証すべきである。

ロ　リスク感応度確認用様式

　以下に、リスク感応度を検証するうえで有効な確認事項のうち、代表的なものを例示する。

　　(イ)　日常業務執行体制面

分類	内　容	結果
人員配置	1．事務処理件数に比べ、配置人員数が明らかに僅少な状態はみられないか	ない／ある
	2．業務の難易度に比べ、配置人員が明らかに知識・経験不足という状態はみられないか	ない／ある
	3．社会規範や常識が欠落した行職員、心身耗弱状態ほか心に悩みをもつ行職員はいないか	いない／いる
事務取扱い	4．取扱いの定めがなく、不安に感じている事務処理等はないか	ない／ある

分類	内容	結果
	5．事務処理にあたり、営業店側からは簡単に事後確認できない取引等はあるか	ない / ある

【解説】

　近時の配置行職員が絞り込まれた営業店では、日常業務の繁忙さに追われ、それをなんとかこなすことが精一杯の体制のなかで、実態について言及・思考する時間も十分にとれない事態となっていることが少なくない。

　このため、把握にあたっては、実態に流されるばかりにならないよう留意のうえ、リスク管理の原理原則に立脚し、"べき論"の実現をどう果たすかの観点で検証する姿勢が望まれる。

　(ロ)　重要物・重要情報面

分類	内容	結果
重要書類	1．親展・親書扱いの郵便物ほか書類が第三者によりそのまま開封されているようなことはないか	ない / ある
	2．取扱者が限定される書類は、授受簿等を用いて着実に本人に受理させているか	いる / いない
重要情報	3．メモ書きも含め、取扱者が限定される各種情報に関する取扱ルールはあるか	ある / ない

【解説】

　上記(イ)同様、日常の活動のなかで「当然だと感じている」「そういうものかと思っていた」実態をよく把握のうえ、検査を通じて修正を加えていく姿勢が問われる。

　(ハ)　対反社会的勢力面

分類	内容	結果
癒着のおそれ	1．営業店長・次席者も含め、日中の行動管理もれなくなされ、予定や実績も公開されているか	いる / いない

	2．営業店長・次席者も含め、特定顧客との"度を超えた付合い"の噂は聞こえてきてはいないか	ない	
		ある	
介入のおそれ	3．表立って騒ぐようなことはなくとも、ただ店舗に来店を繰り返すような"静かなる威嚇"はないか	ない	
		ある	
確認状況	4．"トラブル口座"等に関する情報収集が後手に回っているようなことはないか	ない	
		ある	

【解説】

　店内検査のみならず監査部門の臨店監査等においても、営業店長や次席者の行動管理面への検証が十分になされていないことは少なくない。他方、既述のとおり、近時の反社会的勢力の動きはより巧妙化・地下化しており、金融機関役職員に対してもさまざまな手段での接触がみられている。

　店内検査にあたっては、最高責任者である営業店長自身が「人間はだれしも弱く、自分自身を含め間違いを犯す可能性がある」ことに言及のうえ、「自分自身に対しても、気づいたことがあれば次席者や公益通報窓口に躊躇なく報告せよ」「報告により、不利益を被らせることは絶対にない」ことを随時説明する姿勢が問われる。

4　着服・横領等の防止のために

　これまで述べてきた金融犯罪を別の視点でとらえてみると、その大部分が預金ほか顧客の資産を着服・横領しているというきわめて不名誉な実態がある。顧客にしてみれば、"命の次"に大事な資産を預けてみたら使い込まれたというのでは、怒り心頭であろう。

　こうした実態は、これまでわが国金融界全体で培ってきた信頼を裏切るものであり、いまさらながら許しがたい怒りを覚える。しかしながら、この事

態が断続的に続いているという事実からも目を背けるべきではなく、具体的対応策の実施が求められる。

本項では、「よもや使われてしまっていないか」と心配する相手方である顧客と連携した検査を通じた着服・横領防止手法等について、例示を含めて簡単に紹介する。

(1) 外部への情報公開による防止施策

イ 背景・現状

近時の金融サービスにおいては、利用者負担と金融機関自身の手数料収入確保の観点から、従来無料であった分を含め、各種事務手続に対する課金が幅広く実施される事態となっている。具体的な金額自体も、ビール券の代金取立てのような十円単位のものから、融資の実行や繰上償還に絡んだ数万円単位のものまで多種多様となっており。金融機関各々による差異も小さくない。

これら手数料には、手形帳・小切手帳発行ほか顧客からの依頼頻度が高く、金融機関のホームページ上で料金体系が公開されることが多いものがある一方、融資関係の各種設定や条件変更など、顧客からの依頼頻度が低いものもある。後者については、なじみそのものがないことに加え、料金体系も必ずしも公開されていないものも少なからず含まれる。

上記一例だけをとってみても、そもそも、大多数の顧客にとっては、金融取引は非常に複雑・難解なものと思われ、自分自身で必ずしも理解できるものとはとらえられてもいない。加えて、近時のさらに多様化・複雑化・高度化した金融サービスの変遷は、利便性が向上する一方で理解のハードルがさらに高くなることをも意味する。多数の顧客の本音は、「不明な点は金融機関行職員に照会し、説明を受けながら理解すればよい」というものである。金融機関行職員に対する絶対的な信用があり、「まさか不正な行為は行わないだろう」と判断しているわけである。

このため、各種サービス実施に伴う手数料課金についての担当者からの説明にも、営業店や本部に照会し突合せするような顧客はごく少ない。特に、融資取引のように金融機関側の心証を気にする場合などには、「余計なことをいって怒りを買いたくない」「借入れに影響が出たら困る」と慮ることも想像に難くない。

　また、実務上の金融取引は、払戻請求書（青伝票）に基づいて顧客預金口座等から引き落とされる形態で処理されるものにとどまらない。具体的には、顧客から直接現金を受け取り、領収書を交付して現金を持ち帰り、金融機関自身の受入手数料口座に対して「現金入金」とだけ勘定処理することもある。この場合、領収書を偽造すれば、顧客口座の動き自体がないことから、不正の発覚が遅れることになる。金融犯罪に際してみられる「特別に有利な預金があります」という手口も同様である。

　残念ながら、このような信頼に付け込むかたちでの内部行職員の金融犯罪はなくならない。怒りとともにやるせない気持ちにもなるが、実態を正視し、有効な防止策を講じることで、金融機関全体に対する信頼につなげていく姿勢が問われる。

□　防止策等

　行職員による金融犯罪の動機に「顧客側の知識の不十分さ」がある以上、これを補う手段を講じることが有効となる。

　顧客側の知識不足を補うためには、周知の徹底が最も効果が見込める。具体的には、個人・事業所の別あるいは各種業務種類の別等に分類されただれにでも理解しやすい取引内容・手数料等の一覧表作成とホームページ上への公開などが考えられる。営業店・係・個人の単位での作成・交付ではなおその単位での偽造の危険を残すと考えられるためである。

　当該公開にあわせ、ホームページ画面の打出し・持参を義務づけることに加え、店内検査時に手数料等徴収先への抜打ち訪問を行うことで、牽制機能を強化することも有効となる。

さらには、各種手数料等の徴収は、顧客先等で直接行うことを原則として禁じ、たとえ現金を受領する場合であっても、普通預金口座に入金のうえ、あらためて同額を引き落とすことを徹底させることが望ましい。当該励行を店内検査で確認することも考えられる。

(2) 顧客等と連携した防止施策

イ　背景・現状

　わが国全体で少子高齢化が進むなかにあって、高齢者世帯についても増加の一途をたどる事態となっている。特に、高齢者単身世帯と高齢夫婦世帯の増加が著しい。

　これら世帯が世帯全体に占める割合は特に地方部において高く、過疎地域に点在するこれら世帯は、地域・中小金融機関等の有力な顧客であるという側面をも併せ持つ。

　不正防止の着眼点でみれば、このうち留意すべきは店舗への来店頻度がほとんどみられないような顧客である。高齢者世帯のなかには、退職に伴って自宅近隣の金融機関に生活口座を移すケースや公的年金受給開始時に口座を移すケースが少なくない。このなかには、地縁・人縁その他の紹介により取引を開始し、営業担当者が顧客宅に定例的に訪問する一方、顧客自体の来店はみられず、生活拠点近隣のATMほかで取引を完結する顧客も少なくない。

　一般論としては、連日の労働行為を通じて嫌でもさまざまな情報を見聞きする現役世代とは異なり、リタイア後の高齢者は情報自体にどうしても疎くなり、地方部であればなおさらである。金融知識そのものにも明るいわけではない一方、たとえば自宅にコンピュータをもたないことで、インターネットを通じた照会等を行えないことも多い。このような高齢者顧客は、取引内容になんらかの疑念をもった場合にも、自宅を訪れる営業担当者に直接問い合わせる以外の方法を思いつかない、もしくは躊躇することは想像に難くない。高齢単身世帯が増加するなかにあっては、日常の寂しさから訪問そのも

のを歓迎し、そうした気持ちが不審な事項にも目をつぶってしまう意識をもたらすこともある。

　こうした背景のもと、加齢と相関性の高い認知症発症時の対応などでトラブル化を招くことに加え、不正そのものの温床となることが問題となる。既述のとおり人間はだれしも弱く、経済的・精神的に追い詰められれば、いざとなったら何でもしかねないことは犯罪史を振り返れば明らかである。「着服しやすく発覚しにくい」と見込めば、このような高齢者等に対しても利用しようという気持ちが働くことは想像に難くない。

□　防止策等

　行職員による犯罪の動機に「顧客との接点の少なさ」がある以上、これを補う手段を講じることが有効となる。

　顧客側との接点を広げるためには、事実上の取引窓口を営業担当者一人に限定せず、組織で対応するかたちとすることが望ましい。具体的には、繁忙日等を避けて窓口担当者との同行訪問を実施し、窓口担当者から以下の口上などを伝えることが考えられる。

　［営業担当者・窓口担当者同行訪問時口上（例）］

―初めまして、○○と申します。いつも営業担当の◇◇が大変お世話になっております。

―大変申し訳ございませんが、おかげさまで、当店の地区内でもたくさんのお客様からお取引をいただいており、◇◇の訪問は月1回程度とならざるをえなくなっております。

―つきましては、お手数をお掛けいたしますが、お近くをご訪問された際などには、ぜひ当店にもお立ち寄りくださいませ。お寄りいただいた際には、私○○が店舗担当者として、ご対応させていただきます。

―また、近時の金融取引は非常に難解な印象をもたれることとも思います。もしご不明な点等がございましたら、◇◇に加えまして、私○○

> にもなんなりとお電話等を頂戴できれば幸いです。日中多数のお客様のもとにご訪問させていただいております◇◇は、時には電話に出られないこともございます。私はいつも店舗におりますので、お気軽にご連絡いただければ嬉しく思います。

あわせて、店内検査にあたっては、取引経緯や訪問・来店頻度さらには年齢や世帯構成を把握のうえ、口座開設あるいは現行営業担当者の担当後の訪問・取引頻度、特に同程度の金額の払出し・預入れとその間隔などの資金トレース状況を勘案し、必要に応じて顧客に対し電話照会を行うことや、顧客先への抜打ち訪問を実施し、不正摘発と事故・不祥事件の防止・抑止のための牽制の強化が求められる。

なお、店内検査担当者等の顧客先への訪問にあたっては、以下2点を留意することが望ましい。

> （例示／順不同）
> ① 顧客に対し明確に意図を伝えること
> 「近時の金融機関内部行職員による金融犯罪の横行に対し、当金融機関でも防止・抑止に注力している」意図を明確に説明し、理解を求めること。
> ② 風評対策に努めること
> 「当金融機関としては、念のためこのような未然防止策を講じており、経営上の問題点等は何もない」ことを公開情報等を活用のうえ適切に説明し、理解を求めること。あわせて、何か疑問をもった場合の連絡先を知らせておくこと。

おわりに
未然防止・摘発を主導する人材の能力開発・育成のために

　多種多様な人的オペレーションを多数の顧客に同時並行かつ迅速に実施することが求められる金融機関には、日々新たな潜在オペレーショナル・リスクが加算されていくという現実を認識する必要がある。

　こうした実態をかんがみ、監査部門監査・店内検査においては、日々の活動への実態検証が原始的に求められる。他方、役員や部門統括者には、こうした役割に理解は示しつつも、具体的行動になると必ずしもそれを後押しする動きばかりではない。背景には以下の気質があると見込む。

1　役員各位への確認事項

(1)　「量の拡大」への呪縛はないか

　近時の金融機関経営においては、表面的な"量"ではなく、資産・負債の中身や実質収益等に裏付けられた"質"が求められる時代であることは言うまでもない。また、長期にわたる景気低迷の一方で、現在もなお続くオーバー・バンキング状況下にあって、決定的な差別化がむずかしい金融商品を扱う金融機関は、どこか1つが明確な要因なしに"ひとり勝ち"できることはマクロ的にみてもむずかしい。

　こうした状況下にあって、監査部門監査や店内検査が業績伸張の足かせとなっていると感じ、そうした活動に否定的な発言・行動はみられないか。

(2)　「具体性」を欠く指導はないか

　生き残りを賭けた競争状態が続くなか、各金融機関においては、営業推進・審査管理部門による各種指示事項の徹底、さらには営業現場との意見交換等を名目とした役員・本部部門長をはじめとする上位者による臨店訪問が数多くなされている。一方、その実態は顧客視点でのデータを交えた具体的かつ詳細な手法に及ぶものばかりではなく、原理原則あるいは精神論の範疇にだけとどまるものも少なくない。

こうした状況下にあって、指導を目的とした臨店時等に、役員・部門長等から「業績達成を第一にしっかりやれ」「徹底せよ」「どうするつもりだ」等の指示が強圧的に繰り返される行動はみられないか。

2 部門長への確認事項

(1) 所要人員は手当てできているか

店内検査は精神論だけではこなせず、近時の総じて余裕のない人員総数のなかでも、具体的な人的資源の割当てが必要となる。

そうしたことを頭では認識していながら、具体的な指示・解決策を講じずに担当者任せとしていることはないか。

(2) 担当者の能力を把握し管理できているか

店内検査は業務を代位できる水準の担当者が、ルールと実態を対比してはじめて機能する。

そうしたことを頭では認識していながら、担当者の大まかな能力を把握するだけで担当者任せとしていることはないか。

(3) 業績伸張との両立はうまく図れているか

"守備"面である正確な事務処理や、それを検証する店内検査の適切な実施により、はじめて"攻撃"面である業績伸張も可能となる。

そうしたことを頭では認識していながら、目先の数字の伸縮ばかりに追われ、営業担当者への注力のあまり、店内検査担当者への配慮を欠くことはないか。

(4) 同胞意識に対する注意喚起はできているか

日頃は助け合い、1つの目標に向けて力をあわせている所属行職員同士だが、こと店内検査については私情を廃し、徹底した牽制が求められる。

そうしたことを頭では認識していながら、人間関係の円滑さばかりを求め、自ら相互牽制の強化を求めないことはないか。

(5) 上意下達の企業風土を理解のうえ対策を講じているか

金融機関は"肩書き"による上意下達の企業風土をもち、下位者から上位

者への上申・苦言は非常に抵抗があるものである。逆説的には、上位者は自身で気づかぬうちに"お山の大将"になりやすい。
　そうしたことを頭では認識していながら、自らはなんら戒めを行わず、下位者からの耳の痛い報告を疎んじ、地味な店内検査を軽視したり、自ら"手心"を加えるよう指示したりはしていないか。

　機械による防止はあくまで限定的であり、無理な部分を残す。そもそも、各種セキュリティをいくら強化しても、人間が関与する余地を残す以上、反社会的勢力をはじめとする犯罪のプロフェッショナル集団は時間の経過とともに盲点を必死に探し出し、着実にそこを突いてくる。
　金融機関を経営する以上、顧客に安全・確実な金融サービスを提供することは社会的な使命である。当該提供のため、監査・検査ほかに伴う一定のコストは不可避であることを認識のうえ、正面から取り組まねばならない。

付　録

近時の預・貯金金融機関のおもな事故・不祥事件（資料）

「近時の金融犯罪」

金融機関	業態	都道府県※1	犯行期間	発生日時※2	容疑	役職	年齢	金額
佐賀銀行	地方銀行	福岡県	03/11～06/11	06/12/5	着服	行員	40代	153万円
佐賀銀行	地方銀行	長崎県	06/10～06/11	06/12/5	着服	派遣行員	40代	44万円
大崎町井俣簡易郵便局	郵政グループ	鹿児島県	06/10～06/11	06/12/7	横領	局長	54	46万円
大分県信用組合	信用組合	大分県	05/9～06/3	06/12/14	着服	支店長代理	47	277万円
高知銀行	第二地方銀行	高知県	06/6～06/10	06/12/15	着服	行員	53	600万円
ひまわり信用金庫	信用金庫	福島県	05/1～06/11	06/12/18	着服	職員	59	200万円
住友信託銀行	信託銀行	東京都	05/10～06/11	06/12/26	着服	社員	33	7,500万円
西日本シティ銀行	地方銀行	福岡県		06/12/27	着服	行員	44	2,360万円
西日本シティ銀行	地方銀行	福岡県		06/12/27	着服	行員	32	100万円
伊方郵便局	郵政グループ	愛媛県	06/6～	06/12/31	着服	主任	41	1,050万円
日新信用金庫	信用金庫	兵庫県		07/1/11	詐欺	課長	56	1,000万円
但陽信用金庫	信用金庫	兵庫県	03/5～04/5	07/1/11	横領	職員	40代	4,000万円
関信用金庫	信用金庫	岐阜県	01/7～06/3	07/1/12	詐欺・着服	理事	50代	79,500万円
JA佐賀みどり	農業協同組合	佐賀県	87～	07/1/12	着服	職員	44	13,464万円
JA函館市亀田	農業協同組合	北海道	06～	07/1/15	詐欺・窃盗	課長	57	1,146万円

金融機関	業態	都道府県 ※1	犯行期間	発生日時 ※2	容疑	役職	年齢	金額
広島東郵便局	郵政グループ	広島県	05/8～	07/1/16	詐欺	局員	49	500万円
静岡銀行	地方銀行	静岡県	06/5～06/11	07/1/16	窃盗	行員	49	2,000万円
横浜銀行	地方銀行	神奈川県	99～	07/1/17	横領	行員	47	6,600万円
尾張旭三郷郵便局	郵政グループ	愛知県	06/11～06/12	07/1/23	横領	郵便局長	52	126万円
大阪城東郵便局	郵政グループ	大阪府	06/9～	07/1/25	横領	局員	30	100万円
みずほ銀行	都市銀行	埼玉県	03/10～	07/1/25	横領	行員	45	1,500万円
JA東京むさし小平	農業協同組合	東京都	98～06	07/1/25	詐欺	課長	59	1,300万円
木花郵便局	郵政グループ	宮崎県	06/3～	07/1/26	窃盗	非常勤局員	29	1万円
佐賀銀行	地方銀行	佐賀県	04/3～06/11	07/1/26	着服	行員	50代	110万円
みちのく銀行	地方銀行	青森県	06/12～	07/1/26	着服	嘱託行員	36	895万円
福井信用金庫	信用金庫	福井県		07/2/6	窃盗	次長	48	1,294万円
JA佐渡	農業協同組合	新潟県	99/6～05/6	07/2/6	流用	職員	50代	123万円
佐賀信用金庫	信用金庫	佐賀県	04/2～06/12	07/2/9	流用	職員	35	1,900万円
大分銀行	地方銀行	大分県		07/2/13	着服	嘱託行員	55	5,700万円
興能信用金庫	信用金庫	石川県	91/4～96/3	07/2/16	着服	支店長代理	50	277万円
沖縄県労働金庫	労働金庫	沖縄県	01/11～06/12	07/2/16	不正経理操作	上席調査役	57	1,383万円
東方郵便局	郵政グループ	宮崎県	06/1～	07/2/19	横領	非常勤局員	46	20万円

金融機関	業態	都道府県※1	犯行期間	発生日時※2	容疑	役職	年齢	金額
JAあいら伊豆	農業協同組合	静岡県	06/5～06/11	07/2/21	横領	係長	43	372万円
親和銀行	地方銀行	福岡県	02/12～06/3	07/2/28	着服	行員	46	1,741万円
大分銀行	地方銀行	大分県	01～	07/3/2	着服	行員	55	1,000万円
肥後銀行	地方銀行	熊本県		07/3/9	着服	支店長代理	40代	2,300万円
中央三井信託銀行	信託銀行	神奈川県		07/3/14	着服	嘱託社員	―	443万円
九州労働金庫	労働金庫	福岡県	98/10～06/11	07/3/16	着服	職員	34	3,104万円
近畿産業信用組合	信用組合	大阪府		07/3/22	着服	次長	44	3,200万円
瀬戸信用金庫	信用金庫	愛知県	06/10～07/3	07/3/23	横領	職員	27	12,400万円
佐野信用金庫	信用金庫	栃木県	05/12～07/1	07/4/6	着服	支店長代理	36	2,700万円
長崎県民信用組合	信用組合	長崎県	04/11～07/2	07/4/6	着服	職員	36	1,087万円
足利銀行	地方銀行	栃木県	95/7～07/4	07/4/12	着服	支店長代理	46	7,900万円
JA宗像	農業協同組合	福岡県	05/4～	07/4/21	着服	事業所長	51	105万円
西日本シティ銀行	地方銀行	福岡県	02/6～04/5	07/4/23	着服	行員	36	1,201万円
徳島銀行	地方銀行	徳島県	98/10～07/3	07/4/27	着服	行員	49	1,857万円
高知信用金庫	信用金庫	高知県	01/9～07/3	07/4/27	着服	職員	39	2,989万円
東京都民銀行	地方銀行	東京都	01/11～05/1	07/5/1	横領	課長	40	4,000万円

金融機関	業態	都道府県※1	犯行期間	発生日時※2	容疑	役職	年齢	金額
東海労働金庫	労働金庫	岐阜県	05/12～07/3	07/5/7	着服	職員	32	912万円
大分銀行	地方銀行	大分県	07～	07/5/11	流用	行員	40代	50万円
大分銀行	地方銀行	大分県	07/1～07/2	07/5/11	着服	行員	42	233万円
亀有信用金庫	信用金庫	東京都	01/10～04/3	07/5/18	横領	職員	57	1,200万円
JA愛媛たいき	農業協同組合	愛媛県	03/6～04/6	07/5/18	着服	課長	47	4,000万円
西中国信用金庫	信用金庫	山口県	06/8～07/4	07/6/5	横領	主任	33	25,000万円
昼間郵便局	郵政グループ	徳島県	05/7～07/2	07/6/8	横領	局員	46	502万円
みちのく銀行	地方銀行	青森県	01/10～07/3	07/6/8	着服	行員2名	―	576万円
筑後信用金庫	信用金庫	福岡県	05/4～06/4	07/6/8	着服	職員	36	820万円
笠松郵便局	郵政グループ	岐阜県		07/6/15	横領	課長代理	34	137万円
西宮荒木郵便局	郵政グループ	兵庫県	06/8～07/4	07/6/15	有印私文書偽造・横領	郵便局長	60	2,700万円
西日本シティ銀行	地方銀行	福岡県	00/7～06/10	07/6/15	着服	行員	47	1,508万円
福岡銀行	地方銀行	福岡県		07/6/27	着服	パート行員	25	60万円
愛媛信用金庫	信用金庫	愛媛県	06/12～	07/7/3	着服	職員	49	300万円
JAにいがた南浦	農業協同組合	新潟県	05/6～	07/7/4	着服	職員	22	346万円

金融機関	業態	都道府県※1	犯行期間	発生日時※2	容疑	役職	年齢	金額
西日本シティ銀行	地方銀行	福岡県	05/1	07/7/11	詐欺	支店長代理	38	2,980万円
東邦銀行	地方銀行	宮城県	03/7～07/6	07/7/11	着服	渉外役席行員	30代	12,000万円
大阪東信用金庫	信用金庫	大阪府	03/6～07/6	07/7/13	着服	副長	45	17,100万円
JA柳川	農業協同組合	福岡県		07/7/17	着服	臨時職員	42	109万円
岩見沢郵便局	郵政グループ	北海道		07/7/20	窃盗	非常勤局員	29	30万円
高槻竹の内郵便局	郵政グループ	大阪府		07/7/20	電子計算機使用詐欺	主任	36	300万円
北見信用金庫	信用金庫	北海道	05/11～	07/7/20	着服	次長	48	1,400万円
きらやか銀行	第二地方銀行	山形県	99/11～07/6	07/7/23	窃盗	行員	45	2,738万円
日高信用金庫	信用金庫	北海道	07/6～	07/7/26	着服	職員	53	72万円
千葉信用金庫	信用金庫	千葉県	04/6～07/6	07/7/27	着服	支店長	49	12,500万円
西尾信用金庫	信用金庫	愛知県	99/1～	07/7/27	着服	渉外係	37	16,700万円
札幌銀行	第二地方銀行	北海道		07/7/27	着服	部長代理	40	2,500万円
JA津安芸	農業協同組合	三重県	06/4～07/7	07/7/27	横領	職員	34	1,000万円
大阪宇治電郵ビル内郵便局	郵政グループ	大阪府	07/5～07/6	07/7/30	横領	局長代理	38	123万円
佐賀共栄銀行	第二地方銀行	佐賀県		07/8/7	着服	行員	30	1,550万円

金融機関	業態	都道府県※1	犯行期間	発生日時※2	容疑	役職	年齢	金額
JAめぐみの	農業協同組合	岐阜県		07/8/9	窃盗	職員	38	3,000万円
福岡信用金庫	信用金庫	福岡県		07/8/28	着服	職員	39	682万円
高知東郵便局	郵政グループ	高知県		07/8/29	着服	非常勤局員	35	91万円
親和銀行	地方銀行	長崎県		07/9/3	横領	行員	47	300万円
JA柏崎	農業協同組合	新潟県		07/9/8	着服	子会社職員	50代	546万円
船橋郵便局	郵政グループ	千葉県		07/9/11	窃盗・横領	主任	33	423万円
JA大分	農業協同組合	大分県		07/9/12	着服	職員	38	460万円
佐賀県信農連	県信連	佐賀県		07/9/13	着服	総務課長	49	247万円
表郷郵便局	郵政グループ	福島県		07/9/14	着服	総務主任	48	1,450万円
池田銀行	地方銀行	大阪府		07/9/14	着服	次長	42	6,335万円
いちい信用金庫	信用金庫	愛知県		07/9/14	着服・流用	職員	32	29,800万円
伊達信用金庫	信用金庫	北海道		07/9/19	着服	支店長	54	419万円
JAいずも	農業協同組合	島根県	02/12～07/6	07/9/20	着服	職員	43	1,319万円
半田信用金庫	信用金庫	愛知県		07/9/21	着服	理事	53	1,040万円
JA本巣郡	農業協同組合	岐阜県		07/9/25	横領	職員	35	250万円
足利銀行	地方銀行	栃木県		07/10/10	横領	支店長代理	47	268万円

金融機関	業態	都道府県※1	犯行期間	発生日時※2	容疑	役職	年齢	金額
JA鳥取西部	農業協同組合	鳥取県		07/10/17	着服	職員3名	—	1,600万円
摂津水都信用金庫	信用金庫	大阪府		07/10/19	横領	パート事務職員	36	52万円
関東つくば銀行	地方銀行	栃木県		07/10/26	横領	行員	31	500万円
山形信用金庫	信用金庫	山形県		07/10/26	着服	主任	36	1,789万円
福岡中央銀行	第二地方銀行	福岡県		07/10/26	着服	行員	35	250万円
笠松郵便局	郵政グループ	岐阜県		07/10/30	横領	課長代理	34	137万円
秋田銀行	地方銀行	秋田県		07/10/30	着服	支店長代理	47	840万円
北国銀行	地方銀行	石川県		07/10/30	流用	行員	49	5,400万円
豊和銀行	第二地方銀行	福岡県	02/9～07/9	07/11/2	流用	行員	41	145万円
豊和銀行	第二地方銀行	福岡県		07/11/2	着服	行員	40	3,800万円
稚内信用金庫	信用金庫	北海道		07/11/5	着服	支店次長	43	229万円
豊和銀行	第二地方銀行	福岡県	00/11～06/1	07/11/8	着服	行員	35	2,900万円
鹿児島銀行	地方銀行	鹿児島県		07/11/8	着服	支店長代理	37	1,969万円
福岡銀行	地方銀行	福岡県		07/11/16	着服	行員	41	205万円
親和銀行	地方銀行	長崎県		07/11/22	着服	行員	40	200万円
豊川信用金庫	信用金庫	愛知県	06/7～07/10	07/11/22	着服	次長	38	38,700万円

金融機関	業態	都道府県※1	犯行期間	発生日時※2	容疑	役職	年齢	金額
百五銀行	地方銀行	三重県	97/7～98/7 02/11～05/3	07/11/29	着服	行員	38	2,341万円
のと共栄信用金庫	信用金庫	石川県	03/12～07/9	07/11/29	着服	派遣職員	30	279万円
高鍋信用金庫	信用金庫	宮崎県	04/8～07/10	07/11/30	着服	次長	44	625万円
高鍋信用金庫	信用金庫	宮崎県	05/8～07/10	07/11/30	着服	支店長代理	35	1,497万円
福岡銀行	地方銀行	福岡県		07/12/3	着服	行員	41	205万円
十八銀行	地方銀行	長崎県		07/12/10	着服	契約行員	27	100万円
高松信用金庫	信用金庫	香川県	04/8～07/11	07/12/14	着服	係長	41	1,800万円
山陰合同銀行	地方銀行	岡山県		07/12/17	着服	準職員	34	100万円
きらやか銀行	第二地方銀行	山形県	04/2～07/11	07/12/21	浮貸し	課長	41	2,282万円
室蘭信用金庫	信用金庫	北海道		07/12/26	着服	主任	54	1,000万円
百十四銀行	地方銀行	香川県	04～07/12	07/12/27	着服	行員	35	2,000万円
瀬戸信用金庫	信用金庫	愛知県		08/1/11	流用・不正融資	渉外係	35	3,200万円
JA呉	農業協同組合	広島県	06/7～07/9	08/1/17	着服	支店長	54	4,260万円
大分みらい信用金庫	信用金庫	大分県	98～07/12	08/1/25	着服	職員	38	5,400万円
JAにいがた南浦	農業協同組合	新潟県	02～07	08/1/25	着服	職員	33	600万円

金融機関	業態	都道府県※1	犯行期間	発生日時※2	容疑	役職	年齢	金額
富山第一銀行	第二地方銀行	新潟県	06/10〜07/10	08/1/31	着服	派遣行員	33	510万円
みなと銀行	第二地方銀行	大阪府	01/10〜07/10	08/2/4	着服	課長	53	3,700万円
山梨県民信用組合	信用組合	山梨県		08/2/6	横領	主任	36	2,000万円
第三銀行	第二地方銀行	三重県	06/6〜07/10	08/2/6	着服	支店長	47	1,275万円
JA新津さつき	農業協同組合	新潟県	03/10〜08/1	08/2/14	着服	職員	44	1,287万円
大東銀行	第二地方銀行	福島県		08/2/15	着服	行員	40代	2,031万円
大阪東信用金庫	信用金庫	大阪府		08/2/15	着服	職員	55	161万円
JA瀬戸内	農業協同組合	岡山県	03/7〜07/3	08/2/15	着服	職員	36	1,800万円
芝信用金庫	信用金庫	東京都	04/8〜06/11	08/2/26	着服	課長	38	5,200万円
群馬銀行	地方銀行	群馬県		08/2/28	着服	パート行員	46	5万円
大阪市信用金庫	信用金庫	大阪府	04/9〜08/2	08/2/29	着服・流用	職員	38	1,360万円
青森銀行	地方銀行	青森県	07/11〜08/2	08/3/4	着服	行員	50代	80万円
北海道労働金庫	労働金庫	北海道	06/11〜	08/3/7	着服	副支店長	49	550万円
長崎銀行	第二地方銀行	長崎県		08/3/10	着服	行員	27	121万円
伊達信用金庫	信用金庫	北海道		08/3/14	着服	副長	47	320万円

金融機関	業態	都道府県 ※1	犯行期間	発生日時 ※2	容疑	役職	年齢	金額
JA富士宮	農業協同組合	静岡県	92/7〜	08/3/18	不正融資・着服	支店次長	50代	1,750万円
JA雲南	農業協同組合	島根県	98〜05	08/3/30	着服	職員	30代	3,600万円
JA雲南	農業協同組合	島根県	05/3〜07/8	08/3/30	着服	職員	34	160万円
JA東京みらい	農業協同組合	東京都		08/4/8	着服	課長代理	42	18,300万円
香川銀行	第二地方銀行	大阪府	07/9〜	08/4/10	詐取	行員	31	670万円
北越銀行	地方銀行	新潟県	04〜08/2	08/4/11	横領	行員	50代	1,655万円
北門信用金庫	信用金庫	北海道		08/4/15	着服	職員	37	7,500万円
JA高千穂地区	農業協同組合	宮崎県	06/9〜07/4	08/4/16	着服	準職員	26	180万円
JA高千穂地区	農業協同組合	宮崎県	03/11〜07/5	08/4/16	横領	準職員	30	710万円
JA高千穂地区	農業協同組合	宮崎県	03/4〜08/1	08/4/16	着服	職員	30	1,180万円
JA山口美弥	農業協同組合	山口県	03〜08/3	08/4/18	着服	支所次長	46	17,100万円
札幌中央信用組合	信用組合	北海道	07/8〜08/3	08/4/25	着服	職員	25	488万円
空知信用金庫	信用金庫	北海道	04/5〜08/3	08/4/28	着服	支店長	52	264万円
北陸銀行	地方銀行	富山県	04/7〜08/2	08/4/30	着服	パート行員	―	1,200万円
観音寺信用金庫	信用金庫	香川県	08/2〜	08/5/2	着服・流用	支店長代理	33	770万円

金融機関	業態	都道府県※1	犯行期間	発生日時※2	容疑	役職	年齢	金額
福岡県中央信用組合	信用組合	福岡県	08/1～	08/5/2	不正融資	支店長	48	500万円
四国銀行	地方銀行	高知県		08/5/12	着服	派遣行員	37	330万円
JA秋田	農業協同組合	秋田県	07/9～08/4	08/5/12	着服	係長	46	100万円
千葉信用金庫	信用金庫	千葉県	06/8～06/9	08/5/15	横領	支店長	50	12,500万円
徳島信用金庫	信用金庫	徳島県	03/10～08/4	08/5/16	着服	派遣職員	38	76万円
福邦銀行	地方銀行	福井県	00/10～08/3	08/5/16	着服	渉外行員	36	1,911万円
JA新潟みらい	農業協同組合	新潟県	07/12～08/3	08/5/16	着服	職員	38	370万円
きらやか銀行	第二地方銀行	山形県	06/10～07/6	08/5/19	着服	渉外行員	42	450万円
西之表住吉郵便局	郵政グループ	鹿児島県	04/12～	08/5/21	横領	局長	45	50万円
阿波銀行	地方銀行	徳島県	07/12～08/4	08/5/26	着服	パート行員	47	450万円
JA仙台	農業協同組合	宮城県		08/5/31	流用	課長	40	2,440万円
香川県信用組合	信用組合	香川県	07/3～08/4	08/6/6	着服	職員	35	7,500万円
JA十日町	農業協同組合	新潟県	～08/5	08/6/10	横領	契約職員	44	1,580万円
九州労働金庫	労働金庫	宮崎県		08/6/25	着服	職員	52	78万円
九州労働金庫	労働金庫	鹿児島県		08/6/25	着服	職員	43	1,000万円
徳島信用金庫	信用金庫	徳島県	04/5～07/3	08/6/27	着服	係長	39	124万円

金融機関	業態	都道府県※1	犯行期間	発生日時※2	容疑	役職	年齢	金額
JA兵庫南	農業協同組合	兵庫県	04/12～07/11	08/7/2	着服	職員	48	8,340万円
JA東京みらい	農業協同組合	東京都	08/2～08/3	08/7/4	横領	課長代理	42	4,500万円
親和銀行	地方銀行	長崎県	04/7～08/7	08/7/15	着服	課長	46	6,300万円
百十四銀行	地方銀行	鳥取県		08/7/17	着服	行員	59	800万円
JA鳥取西部	農業協同組合	鳥取県		08/7/25	横領	職員	42	250万円
JA福山市	農業協同組合	広島県	03/5～08/6	08/7/28	着服	職員	37	4,000万円
JA長門	農業協同組合	山口県	08/2	08/7/29	着服	係長	42	150万円
北都銀行	地方銀行	秋田県	08/4～08/5	08/7/30	着服	支店長代理	39	100万円
JAいずも	農業協同組合	島根県		08/8/2	着服	職員	52	225万円
JAいずも	農業協同組合	島根県	05～08	08/8/2	着服	職員	38	863万円
山形第一信用組合	信用組合	山形県	04/7～08/5	08/8/8	着服	職員	46	1,076万円
蒲原諏訪町郵便局	郵政グループ	静岡県	05/5	08/8/20	横領	局員	52	91万円
大光銀行	第二地方銀行	新潟県	01/8～08/6	08/8/20	着服・流用	副長	51	6,800万円
四国銀行	地方銀行	徳島県	04/7～08/6	08/8/22	着服	支店長代理	51	1,300万円
JAあいち海部	農業協同組合	愛知県	08/5	08/8/26	窃盗	職員	31	500万円
山梨中央銀行	地方銀行	山梨県	08/4	08/8/30	流用	行員	40代	2,000万円

金融機関	業態	都道府県※1	犯行期間	発生日時※2	容疑	役職	年齢	金額
JAえひめ中央	農業協同組合	愛媛県	08/1～08/8	08/9/4	着服	職員	38	1,163万円
JAかごしま	農業協同組合	鹿児島県	08/6/4	08/9/13	着服	職員	30	400万円
杵島信用金庫	信用金庫	佐賀県	07/6～08/7	08/9/16	着服	職員	24	136万円
みずほ銀行	都市銀行	岐阜県	07/6	08/9/26	詐欺	嘱託行員	54	100万円
唐津信用金庫	信用金庫	佐賀県		08/10/1	着服	職員	40	1,002万円
茨城銀行	第二地方銀行	茨城県	04/12	08/10/6	横領	行員	56	189万円
JA越智今治	農業協同組合	愛媛県	01/9～08/4	08/10/8	着服	職員	43	750万円
関東つくば銀行	地方銀行	茨城県	06/12～08/9	08/10/9	横領	行員	35	1,693万円
佐賀共栄銀行	第二地方銀行	佐賀県	03/10～07/2	08/10/9	着服	行員	24	971万円
豊川信用金庫	信用金庫	愛知県	07/11～08/8	08/10/10	不正融資	支店長代理	50	200万円
知多信用金庫	信用金庫	愛知県	05/11～08/8	08/10/10	流用	職員	43	17,100万円
山梨県民信用組合	信用組合	山梨県		08/10/23	着服	職員	30代	1,600万円
山梨県民信用組合	信用組合	山梨県		08/10/23	着服	職員	20代	300万円
しずおか信用金庫	信用金庫	静岡県	04/12～08/8	08/10/24	着服	職員	35	4,330万円
西日本シティ銀行	地方銀行	福岡県	92/9～05/12	08/10/25	詐取	派遣行員	50	250万円
新銀行東京	その他銀行	東京都		08/10/27	詐欺	行員	56	5,000万円

金融機関	業態	都道府県※1	犯行期間	発生日時※2	容疑	役職	年齢	金額
JAはぐくみ	農業協同組合	群馬県	07〜08/9	08/10/30	着服	支店長	47	930万円
熊本ファミリー銀行	第二地方銀行	熊本県	05/3〜07/6	08/11/7	着服	行員	52	532万円
JA茨城旭村	農業協同組合	茨城県	05/8〜08/5	08/11/11	着服	課長補佐	51	660万円
JAはまゆう	農業協同組合	宮崎県	04/1〜08/7	08/11/15	着服	臨時職員2名	—	1,800万円
山梨県民信用組合	信用組合	山梨県	95〜	08/11/21	着服	支店次長	40代	4,200万円
山梨県民信用組合	信用組合	山梨県	91〜	08/11/21	着服	本部調査役	50代	13,000万円
栃木銀行	第二地方銀行	栃木県	04/3〜08/10	08/11/28	着服	行員	28	2,600万円
JA安芸	農業協同組合	広島県	01/11〜08/11	08/12/1	着服	支店長	49	8,100万円
東和銀行	第二地方銀行	群馬県	03/11〜07/3	08/12/4	詐欺	渉外係	39	5,500万円
JAやすぎ	農業協同組合	島根県	08/3〜08/12	08/12/15	着服	職員	27	216万円
鹿児島信用金庫	信用金庫	鹿児島県	91〜98	08/12/19	着服など	職員ら数名	—	3,320万円
JA呉	農業協同組合	広島県		08/12/19	着服	支店長代理	41	22,100万円
上市信用金庫	信用金庫	富山県	99/1〜08/11	08/12/19	流用	職員	54	100万円
みちのく銀行	地方銀行	青森県	03/5〜08/8	08/12/22	着服	パート行員	57	5,649万円
JAみどりの	農業協同組合	宮城県	05/9〜08/2	08/12/24	横領	職員	27	135万円

金融機関	業態	都道府県※1	犯行期間	発生日時※2	容疑	役職	年齢	金額
興栄信用組合	信用組合	新潟県	07/8～08/7	08/12/25	着服	職員	20代	84万円
JA岡山市	農業協同組合	岡山県	07/5～08/12	08/12/25	着服	職員	45	140万円
ゆうちょ銀行	郵政グループ	奈良県		09/1/6	着服	課長	52	236万円
秋田信用金庫	信用金庫	秋田県	95/11～08/11	09/1/9	着服	職員	52	7,900万円
JA西八代	農業協同組合	山梨県	07/5～08/11	09/1/20	着服	支店長代理	52	416万円
茨城県信用組合	信用組合	茨城県		09/1/23	着服・流用	職員	41	2,210万円
JA長門大津	農業協同組合	山口県	04/8～08/3	09/2/5	着服	職員	50	1,270万円
富山県信用組合	信用組合	富山県	02/4～09/1	09/2/27	着服	支店長代理	37	35万円
仙台銀行	第二地方銀行	宮城県	08/7～08/10	09/3/3	着服	主任渉外係	30代	171万円
山口県漁協	漁業協同組合	山口県	00～08	09/3/5	着服	職員	51	7,500万円
郵便事業会社	郵政グループ	兵庫県		09/3/26	窃盗	郵便課長代理	53	175万円
肥後銀行	地方銀行	熊本県	02～	09/3/26	詐欺	行員	39	46万円
高知銀行	第二地方銀行	高知県		09/3/27	着服	行員	49	2,217万円
上田信用金庫	信用金庫	長野県	04/4～09/2	09/3/27	横領	支店長	51	31,400万円
上田信用金庫	信用金庫	長野県	06/12～09/4	09/4/3	着服	職員	40代	120万円
三浦藤沢信用金庫	信用金庫	神奈川県	03/4～09/4	09/4/3	着服・流用	職員	57	300万円

金融機関	業態	都道府県※1	犯行期間	発生日時※2	容疑	役職	年齢	金額
八十二銀行	地方銀行	長野県	98/7～08/11	09/4/6	着服	行員	55	7,600万円
田川信用金庫	信用金庫	福岡県	02/12～08/3	09/4/8	着服	職員	28	20万円
大分県信用組合	信用組合	大分県	06/3～09/2	09/4/10	着服	渉外係	27	8,200万円
大分県信用組合	信用組合	大分県	06/9～09/2	09/4/10	着服	渉外係	34	1,100万円
大分県信用組合	信用組合	大分県	06/11～09/3	09/4/10	着服・流用	渉外係	33	6,000万円
大東銀行	第二地方銀行	福島県	07/7	09/4/15	着服	行員	50	300万円
第四銀行	地方銀行	新潟県	07/5～09/3	09/4/16	着服	行員	40代	560万円
JAたむら	農業協同組合	福島県	07/5～09/4	09/4/18	着服	職員	30代	130万円
JAあきた白神	農業協同組合	秋田県	03/9～08/4	09/4/20	着服	課長	56	4,343万円
鹿児島信用金庫	信用金庫	鹿児島県	01～03	09/4/24	着服	職員	36	103万円
鹿児島信用金庫	信用金庫	鹿児島県	08～09/4	09/4/24	着服	職員	56	289万円
銚子商工信用組合	信用組合	千葉県	04/4～08/12	09/4/24	着服	職員	41	7,940万円
南日本銀行	第二地方銀行	鹿児島県	08/6～09/4	09/4/24	着服・流用	行員	26	3,200万円
永和信用金庫	信用金庫	大阪府	06/10～09/2	09/4/24	着服	職員	31	1,149万円
佐賀銀行	地方銀行	福岡県	03/10～08/2	09/5/8	着服	副長	44	3,741万円

金融機関	業態	都道府県※1	犯行期間	発生日時※2	容疑	役職	年齢	金額
空知商工信用組合	信用組合	北海道	06/3～08/2	09/5/15	着服	職員	50	1,279万円
山陰合同銀行	地方銀行	島根県	08/9～09/5	09/5/16	詐欺・窃盗	行員	31	95万円
鳥取信用金庫	信用金庫	鳥取県		09/5/18	着服・流用	職員	25	88万円
山形中央信用組合	信用組合	山形県		09/5/22	迂回融資	常勤役員4名	—	78,113万円
豊和銀行	第二地方銀行	大分県		09/5/29	着服	次長	50	1,488万円
南日本銀行	第二地方銀行	鹿児島県	05/5～09/4	09/5/29	着服・流用	行員	41	1,500万円
中国労働金庫	労働金庫	広島県	02/9～09/2	09/6/5	不正融資・着服	職員	47	2,372万円
新発田信用金庫	信用金庫	新潟県	08/10、97～99	09/6/5	着服	支店長代理	55	6,900万円
みずほ銀行	都市銀行	東京都	00～08	09/6/6	詐欺	行員	52	12万円
JA新津さつき	農業協同組合	新潟県	02/1～05/12	09/6/6	着服	職員	40	738万円
JAおおいた	農業協同組合	大分県	09/4～09/5	09/6/9	着服	職員	30	2,400万円
飯能信用金庫	信用金庫	埼玉県	06/1～09/4	09/6/18	着服	主任	35	34万円
飯能信用金庫	信用金庫	埼玉県	96/3～08/8	09/6/18	着服	支店長代理	46	1,024万円
岐阜信用金庫	信用金庫	岐阜県	08/9～09/5	09/6/19	流用	渉外係	44	470万円
JA北つくば	農業協同組合	茨城県	05	09/6/22	横領	金融渉外担当者	48	5,252万円

金融機関	業態	都道府県※1	犯行期間	発生日時※2	容疑	役職	年齢	金額
埼玉りそな銀行	都市銀行	埼玉県	07/7	09/6/22	詐取	行員	44	540万円
ゆうちょ銀行	郵政グループ	愛知県		09/6/26	詐欺	行員	55	570万円
JA花巻	農業協同組合	岩手県		09/7/3	着服	課長補佐	43	1,967万円
あおもり信用金庫	信用金庫	青森県	04/2～09/3	09/7/4	着服	職員2名	42、58	3,700万円
JA福岡豊築	農業協同組合	福岡県		09/7/4	着服	職員	46	7,900万円
みなと銀行	第二地方銀行	兵庫県	06/4～09/7/8		業務上横領	支店長	51	33,000万円
JA山口宇部	農業協同組合	山口県	04/2～09/7	09/7/10	着服	職員	38	2,650万円
JA北つくば	農業協同組合	茨城県		09/7/14	着服	職員2名	43、46	6,680万円
大垣共立銀行	地方銀行	岐阜県	09/4～09/5	09/7/16	着服	得意先係	26	1,450万円
大阪市信用金庫	信用金庫	大阪府	08/3～09/7/17		着服	次長	56	3,500万円
日新信用金庫	信用金庫	兵庫県	01/5～09/4	09/7/30	着服	副課長	35	6,300万円
JA津山	農業協同組合	岡山県	04/3～09/7	09/8/6	着服	渉外職員	44	919万円
兵庫信用金庫	信用金庫	兵庫県		09/8/7	着服	職員ら3名	30・40代	4,450万円
香川銀行	第二地方銀行	愛媛県	01/6～09/5	09/8/12	着服	支店長代理	45	4,600万円
西尾信用金庫	信用金庫	愛知県	07/11～09/6	09/8/20	着服	渉外係	29	940万円
静岡銀行	地方銀行	静岡県		09/8/22	詐欺	行員	42	200万円

金融機関	業態	都道府県 ※1	犯行期間	発生日時 ※2	容疑	役職	年齢	金額
千葉信用金庫	信用金庫	千葉県		09/8/26	着服	職員2名	49、52	5,900万円
高鍋信用金庫	信用金庫	宮崎県	00/8～09/6	09/8/28	着服	支店長	55	600万円
茨城県信用組合	信用組合	茨城県	98/6～02/2	09/8/28	着服・流用	職員	37	4,564万円
八幡信用金庫	信用金庫	岐阜県	08/1～09/6	09/8/28	流用	職員	55	16,927万円
広島県信用組合	信用組合	広島県	04/3～	09/9/7	着服	支店長代理	48	3,829万円
南郷信用金庫	信用金庫	宮崎県	08/2～09/9	09/9/16	流用	渉外次長	47	467万円
鹿児島興業信用組合	信用組合	鹿児島県	08/4～09/8	09/9/18	着服・流用	職員	30	6,700万円
JA香川県	農業協同組合	香川県	06/12～09/8	09/10/21	着服	業務課長	54	11,247万円
大牟田柳川信用金庫	信用金庫	福岡県	01/2～09/7	09/10/23	着服・流用	職員	35	9,593万円
朝日信用金庫	信用金庫	東京都	97～07	09/11/6	詐欺、私文書偽造	副支店長	44	360万円
十六銀行	地方銀行	岐阜県	07/3～08/3	09/11/10	出資法違反	行員	39	1,790万円
山形信用金庫	信用金庫	山形県	03/7～09/10	09/11/12	着服	職員	37	2,900万円
JA大分市	農業協同組合	大分県		09/11/12	着服	職員6名	—	2,680万円
百十四銀行	地方銀行	大阪府	07/8～08/1	09/11/16	特別背任	支店長ら2名	55	95,000万円
JA南三陸	農業協同組合	宮城県	02～	09/11/22	流用	渉外職員	53	8,400万円

金融機関	業態	都道府県※1	犯行期間	発生日時※2	容疑	役職	年齢	金額
JAやつしろ	農業協同組合	熊本県	98/7～09/9	09/11/30	横領	職員	32	743万円
高鍋信用金庫	信用金庫	宮崎県		09/12/1	着服	職員	25	81万円
大分信用金庫	信用金庫	大分県		09/12/4	着服・流用	職員	29	938万円
中国銀行	地方銀行	広島県	09/3～09/10	09/12/4	窃取	労務職行員	56	68万円
大分県漁協	漁業協同組合	大分県	09/6～09/9	09/12/11	着服	職員	38	500万円
長野県信用組合	信用組合	長野県	09/6～09/11	09/12/14	着服・流用	職員	27	5,393万円
日田信用金庫	信用金庫	大分県	01/6～09/6	09/12/25	着服・流用	職員	45	4,200万円
滋賀中央信用金庫	信用金庫	滋賀県		10/1/5	着服	職員	35	498万円
JAいしのまき	農業協同組合	宮城県		10/1/21	着服	職員	54	1,030万円
大分みらい信用金庫	信用金庫	大分県	05/11～09/11	10/1/22	着服・流用	職員	34	41,500万円
岐阜商工信用組合	信用組合	岐阜県	06/12～	10/1/22	着服	職員	33	1,054万円
中京銀行	第二地方銀行	愛知県	08/8～	10/1/27	特別背任（逮捕）	支店長	56	400万円
中央労働金庫	労働金庫	茨城県	05/8～09/9	10/2/1	着服・流用	職員	35	732万円
ソニー銀行	ネット銀行	東京都	08/9～09/8	10/2/1	着服	行員	―	3,700万円
銚子商工信用組合	信用組合	千葉県	07/10～08/9	10/2/4	業務上横領（逮捕）	職員	43	900万円

付録　近時の預・貯金金融機関のおもな事故・不祥事件（資料）

金融機関	業態	都道府県 ※1	犯行期間	発生日時 ※2	容疑	役職	年齢	金額
第四銀行	地方銀行	新潟県	07/6～10/1	10/2/19	着服	行員	40代	900万円
豊田信用金庫	信用金庫	愛知県	98/2～09/12	10/2/19	着服	支店長代理	44	5,159万円
岡崎信用金庫	信用金庫	愛知県	00～09	10/2/24	詐欺（逮捕）	次長・支店長	43、55	5,665万円
阪神御影駅前郵便局	郵政グループ	兵庫県	07/8～09/3	10/2/26	詐欺（逮捕）	主任	49	1,000万円
鳥取信用金庫	信用金庫	鳥取県	08/7～09/1	10/2/26	着服	職員	38	256万円
摂津水都信用金庫	信用金庫	大阪府	06/4～10/1	10/3/5	着服	係長	37	2,827万円
米子信用金庫	信用金庫	鳥取県	08/12～09/12	10/3/5	詐取	職員	32	327万円
琉球銀行	地方銀行	沖縄県	03/7～10/2	10/3/11	着服	調査役	50代	14,808万円
熊本ファミリー銀行	第二地方銀行	熊本県	10/3～	10/3/30	着服	パート行員	44	33万円
イオン銀行	その他銀行	千葉県	09/7～10/1	10/3/31	着服	行員	—	189万円
中国労働金庫	労働金庫	山口県		10/4/2	着服	職員2名	35、52	52万円
萩山口信用金庫	信用金庫	山口県	09/8～10/2	10/4/9	着服	職員	36	240万円
農林中央金庫	系統金融機関	秋田県		10/4/9	流用	職員	—	600万円
船橋市漁協	漁業協同組合	千葉県		10/4/9	業務上横領（在宅起訴）	組合長	70	190万円

金融機関	業態	都道府県※1	犯行期間	発生日時※2	容疑	役職	年齢	金額
きらやか銀行	第二地方銀行	山形県	06/4～10/3	10/4/12	業務上横領（逮捕）	行員	41	7,725万円
熊本県信用組合	信用組合	宮崎県		10/4/16	着服	内勤役席者	59	1,116万円
東京海上日動火災保険など2社	保険業	埼玉県		10/4/19	着服	代理店店主	58	―
損保ジャパン	保険業	岐阜県	00～	10/4/22	詐欺	社員	58	25,000万円
東山口信用金庫	信用金庫	山口県	09/9～10/3	10/4/23	着服	職員	21	45万円
いちよし証券	証券業	埼玉県	07/6～09/8	10/4/27	詐欺（逮捕）	職員	42	7,950万円
阿波銀行	地方銀行	兵庫県		10/4/28	着服	行員	34	40万円
三島信用金庫	信用金庫	静岡県	06/2～09/12	10/5/6	着服	職員	55	400万円
JA佐伯中央	農業協同組合	広島県	03/5～10/4	10/5/7	着服	職員	44	6,929万円
JA新居浜市	農業協同組合	愛媛県	03/7～04/3	10/5/19	業務上横領・詐欺（逮捕）	職員	41	2,128万円
塩沢信用組合	信用組合	新潟県	05/1～10/4	10/5/28	着服・流用	支店長代理	50	9,055万円
佐賀信用金庫	信用金庫	佐賀県	08/3～10/4	10/6/4	着服	支店長	54	768万円
西中国信用金庫	信用金庫	山口県		10/6/9	着服	係長	33	3,301万円
岡崎信用金庫	信用金庫	愛知県	99～02、01～10	10/6/11	着服	職員、支店長	43、54	35,881万円

金融機関	業態	都道府県 ※1	犯行期間	発生日時 ※2	容疑	役職	年齢	金額
ソニー生命	保険業	兵庫県		10/6/15	詐欺（逮捕）	社員	46	1,000万円
銚子商工信用組合	信用組合	千葉県	04/7〜09/11	10/6/17	着服	パート職員	42	4,082万円
大分信用金庫	信用金庫	大分県	06/10〜10/2	10/6/18	着服・流用	職員	49	2,923万円
鹿児島興業信用組合	信用組合	鹿児島県		10/6/18	着服・流用	職員3名	―	785万円
鶴来信用金庫	信用金庫	石川県	06/7〜10/5	10/6/18	着服	支店長代理2名	―	1,148万円
JA福山市	農業協同組合	広島県	10/3〜10/4	10/6/24	着服	職員	34	186万円
山梨県民信用組合	信用組合	山梨県		10/6/25	着服・流用	副調査役	41	8,900万円
ハナ信用組合	信用組合	新潟県	05/6〜09/10、06/6〜10/2	10/6/29	着服	職員、係長	29、37	2,957万円

※1　不祥事件発覚時の容疑者所属部門の立地する都道府県を記載。
※2　警察または金融機関の事件発表時点を記載。
注1　データ出典：㈱日本金融通信社「ニッキン」平成19年8月17日16面、8月24日16面、12月14日17面、12月21日17面、平成20年8月22日16面、8月29日16面、12月19日14面、平成21年8月21日16面、8月28日16面、12月18日14面、平成22年8月20日14面、8月27日16面。
注2　情報漏えい・誤登録は別表記載。強盗事件および薬物・性犯罪等の個人犯罪は記載せず。

「近時の情報漏えい・誤登録等」

金融機関	業態	都道府県 ※1	期間	公表・判明日	内容	役職等	件数 ※2
北海道銀行	地方銀行	北海道		06/12/5	紛失		―
証券保管振替機構	保管振替機構	東京都		06/12/5	紛失		11件
しんきん共同システム運営機構	運営機構	東京都		06/12/6	誤入力		3,140,000件
中国銀行	地方銀行	岡山県		06/12/20	誤登録		―
筑邦銀行	地方銀行	福岡県		06/12/21	誤登録		―
三井住友銀行	都市銀行	東京都		06/12/22	誤登録		―
福岡ひびき信用金庫	信用金庫	福岡県		06/12/22	紛失		224件
もみじ銀行	第二地方銀行	広島県		06/12/25	紛失		843件
山梨中央銀行	地方銀行	山梨県		06/12/26	紛失		468,461件
大正銀行	第二地方銀行	大阪府		06/12/27	返済登録情報遅延		―
三菱東京UFJ銀行	都市銀行	東京都		07/1/11	誤登録		2,570件
百十四銀行	地方銀行	香川県		07/1/11	誤登録		2,489件
泉州銀行	地方銀行	大阪府		07/1/16	誤登録		4,445件
大正銀行	第二地方銀行	大阪府		07/1/16	誤登録		749件
鳥取銀行	地方銀行	鳥取県		07/1/17	誤登録		―
大光銀行	第二地方銀行	新潟県		07/1/25	誤登録		―
アイフル	その他金融	京都府		07/1/25	記載もれ		3,030,000件

金融機関	業態	都道府県※1	期間	公表・判明日	内容	役職等	件数※2
埼玉りそな銀行	都市銀行	埼玉県		07/ 1 /29	紛失		25件
東邦銀行	地方銀行	福島県		07/ 1 /30	情報漏えい		2件
呉信用金庫	信用金庫	広島県		07/ 2 / 9	紛失		4,596件
千葉銀行	地方銀行	千葉県		07/ 2 /15	ウイルス感染		171件
伊予銀行	地方銀行	愛媛県		07/ 2 /19	紛失		260,000件
ジャックス	その他金融	東京都		07/ 2 /20	情報盗難		150,000件
泉州銀行	地方銀行	大阪府		07/ 2 /21	ウイルス感染		12,835件
西中国信用金庫	信用金庫	山口県		07/ 2 /22	紛失		190,000件
大分銀行ビジネスサービス	関連会社	大分県		07/ 3 / 1	誤廃棄		175,195件
八十二銀行	地方銀行	埼玉県		07/ 3 /12	紛失		89件
中京銀行	第二地方銀行	愛知県		07/ 3 /13	紛失		23,000件
阿波銀行	地方銀行	徳島県		07/ 3 /15	紛失		57,000件
帯広信用金庫	信用金庫	北海道		07/ 3 /19	誤送付		1件
三井生命保険	保険業	東京都		07/ 3 /28	ウイルス感染	委託社員	1,501件
三菱UFJニコス	その他金融	東京都		07/ 4 / 1	情報漏えい・提供	嘱託社員	673件
近畿産業信用組合	信用組合	兵庫県		07/ 4 / 6	紛失		68件
第四銀行	地方銀行	新潟県		07/ 4 /13	誤報告		―

金融機関	業態	都道府県 ※1	期間	公表・判明日	内容	役職等	件数 ※2
三菱UFJ証券	証券業	熊本県		07/5/1	紛失		1,174件
アリコジャパン	保険業	東京都		07/5/1	紛失		1,236件
中央三井信託銀行	信託銀行	東京都		07/5/2	紛失		763件
大分銀行	地方銀行	大分県		07/5/2	誤登録		18,000件
みなと銀行	第二地方銀行	兵庫県		07/5/10	誤登録		1,772件
みなと保証	その他金融	兵庫県		07/5/10	登録もれ		1,286件
福岡銀行	地方銀行	福岡県		07/5/23	登録データ未更新		―
北洋銀行	第二地方銀行	北海道		07/5/25	紛失		―
トップ保険サービス	保険業			07/5/25	紛失		8,367件
農林中央金庫	系統金融機関	東京都		07/5/28	紛失		60,000件
中京銀行	第二地方銀行	三重県		07/5/30	誤廃棄		289件
ネッツトヨタ栃木	委託代理店	栃木県		07/6/7	紛失		725件
JAならけん	農業協同組合	奈良県		07/6/12	情報盗難		143件
エフピーサポート	その他金融	愛知県		07/6/13	情報盗難		288件
三菱東京UFJ銀行	都市銀行	東京都		07/6/29	誤登録		7,490件
三菱UFJニコス	その他金融	東京都		07/7/2	誤登録		110,000件

金融機関	業態	都道府県※1	期間	公表・判明日	内容	役職等	件数※2
徳島銀行	第二地方銀行	徳島県		07/7/2	誤登録		8,517件
七十七銀行	地方銀行	宮城県		07/7/6	紛失		472件
鹿児島銀行	地方銀行	鹿児島県		07/7/9	紛失		198件
りそな銀行	都市銀行	大阪府		07/7/9	紛失		980,000件
埼玉りそな銀行	都市銀行	埼玉県		07/7/10	紛失		9件
アメリカンファミリー生命代理店	保険業	東京都		07/7/17	情報盗難		204,716件
損保ジャパン等の委託先	保険業	愛知県		07/7/18	ウイルス感染		2,990件
名古屋銀行	第二地方銀行	愛知県		07/7/25	紛失		32,057件
高松信用金庫	信用金庫	香川県		07/7/27	紛失		30,134件
阿波銀行	地方銀行	徳島県		07/7/30	誤廃棄		300件
仙台銀行	第二地方銀行	宮城県		07/7/30	誤登録		3,685件
葛飾新宿郵便局	郵政グループ	東京都		07/8/3	紛失		785件
アクサ生命	保険業	福岡県		07/8/6	紛失		674件
愛知銀行	第二地方銀行	愛知県		07/8/10	紛失		37件
三井住友海上火災保険代理店	保険業	愛媛県		07/8/10	紛失		1,241件
静岡銀行	地方銀行	静岡県		07/8/20	紛失		3,864件

金融機関	業態	都道府県 ※1	期間	公表・判明日	内容	役職等	件数 ※2
日本興亜損保	保険業	東京都		07/8/20	紛失	運送委託業者	816件
富山第一銀行	第二地方銀行	富山県		07/8/30	誤登録		1,540件
三菱東京UFJ銀行	都市銀行	東京都		07/9/6	紛失		350,000件
三菱UFJ証券	証券業	東京都		07/9/6	紛失		37,000件
貯金事務センター	郵政グループ	東京都		07/9/10	誤廃棄		14,430,000件
セブン銀行	ネット銀行	東京都		07/9/10	紛失		26,688件
名古屋銀行	第二地方銀行	愛知県		07/9/13	紛失		3,884件
新生銀行	都市銀行	東京都		07/9/21	誤登録		79件
三菱UFJ信託銀行	信託銀行	東京都		07/9/28	紛失		1,052件
近畿大阪銀行	地方銀行	大阪府		07/10/10	紛失		12,000件
横浜銀行	地方銀行	神奈川県		07/10/21	紛失		228,000件
新生銀行	都市銀行	東京都		07/10/23	紛失		54件
木村証券	証券業	愛知県		07/10/31	紛失		3,180件
かんぽ生命	郵政グループ	愛知県		07/11/7	紛失		11,392件
いちよし証券	証券業	東京都		07/11/13	紛失		48件
日本銀行	中央銀行	東京都		07/11/14	情報盗難	行員	39件
南日本銀行	第二地方銀行	熊本県		07/11/21	紛失		40件
鹿児島銀行	地方銀行	鹿児島県		07/11/28	誤廃棄		169,000件

金融機関	業態	都道府県※1	期間	公表・判明日	内容	役職等	件数※2
金沢信用金庫	信用金庫	石川県	99/2～06/9	07/11/29	紛失		38,000件
高鍋信用金庫	信用金庫	宮崎県		07/11/30	紛失		24,500件
日の出証券	証券業	大阪府		07/12/5	紛失		2,632件
T&Dフィナンシャル生命保険	保険業	東京都		07/12/10	情報漏えい		920件
北洋銀行	第二地方銀行	北海道		07/12/13	紛失		350,000件
大分銀行	地方銀行	大分県		07/12/14	紛失		1,200件
豊和銀行	第二地方銀行	大分県		07/12/14	紛失		2,545件
鳥取銀行	地方銀行	鳥取県		08/1/7	紛失		―
東京ベイ信用金庫	信用金庫	千葉県		08/1/22	紛失		4,956件
中央三井信託銀行	信託銀行	東京都		08/1/23	紛失		1,524件
JA越後ながおか	農業協同組合	新潟県		08/2/28	ウイルス感染		2,266件
旧酒田信用金庫	信用金庫	山形県		08/2/29	紛失		1,500件
大阪中央郵便局	郵政グループ	大阪府		08/3/18	紛失		5,515件
日本銀行	中央銀行	島根県		08/3/22	情報漏えい・持出し		27件
JCB	その他金融	東京都		08/3/25	紛失		9,599件
北国銀行	地方銀行	石川県		08/4/1	誤送信		―
大阪共栄信用組合	信用組合	大阪府		08/4/1	紛失		43件

金融機関	業態	都道府県※1	期間	公表・判明日	内容	役職等	件数※2
のぞみ信用組合	信用組合	大阪府		08/ 4 /23	紛失		49件
瀬戸信用金庫	信用金庫	愛知県		08/ 4 /25	紛失		250,000件
三菱東京UFJ銀行	都市銀行	東京都		08/ 5 /23	紛失		372件
埼玉りそな銀行	都市銀行	埼玉県		08/ 5 /27	紛失		133,000件
足利銀行	地方銀行	栃木県		08/ 6 / 3	紛失		57,214件
損保ジャパン	保険業	埼玉県		08/ 6 / 8	紛失		25,986件
東和銀行	第二地方銀行	群馬県		08/ 6 /13	紛失		87,888件
茨城銀行	第二地方銀行	茨城県		08/ 7 /22	紛失		269,000件
AIU保険	保険業	東京都		08/ 8 / 8	紛失		2,462件
東日本銀行	第二地方銀行	東京都		08/ 8 /25	紛失		23,035件
新日本監査法人	監査法人	東京都		08/ 8 /28	紛失		11,685件
中央三井信託銀行	信託銀行	東京都		08/ 8 /29	紛失		13,000件
百十四銀行	地方銀行	香川県		08/ 9 /30	紛失		769件
JA岡山西	農業協同組合	岡山県		08/ 9 /30	ウイルス感染		451件
半田信用金庫	信用金庫	愛知県		08/10/ 3	紛失		57,203件
日新信用金庫	信用金庫	兵庫県		08/10/ 3	紛失		1件
東京スター銀行	第二地方銀行	東京都		08/10/ 7	紛失		19,775件

金融機関	業態	都道府県※1	期間	公表・判明日	内容	役職等	件数※2
岐阜信用金庫	信用金庫	岐阜県		08/10/28	紛失		15,224件
明治安田生命	保険業	東京都		08/10/31	情報漏えい		9,000件
みなと銀行	第二地方銀行	兵庫県		08/11/ 6	紛失		2,343件
三井住友銀行	都市銀行	東京都		08/11/17	紛失		12,000件
コザ信用金庫	信用金庫	沖縄県		08/11/17	情報盗難		480件
中日信用金庫	信用金庫	愛知県		08/11/21	紛失		350,000件
第四銀行	地方銀行	新潟県		08/11/26	紛失		17,386件
愛知銀行	第二地方銀行	愛知県		08/11/27	紛失		8,650件
八千代銀行	第二地方銀行	東京都		08/12/ 8	紛失		600件
日本証券代行	証券業	東京都		08/12/ 8	紛失		704件
太陽生命	保険業	神奈川県		08/12/ 9	紛失		1,608件
JA岐阜	農業協同組合	岐阜県		08/12/29	紛失		84件
中南信用金庫	信用金庫	神奈川県		09/ 1/ 7	紛失		330件
鹿児島銀行	地方銀行	鹿児島県		09/ 1/19	誤廃棄		76,155件
関西アーバン銀行	第二地方銀行	大阪府		09/ 1/19	紛失		―
JA勝英	農業協同組合	岡山県		09/ 1/21	情報盗難		11,108件
豊川信用金庫	信用金庫	愛知県		09/ 1/30	紛失		1件

金融機関	業態	都道府県 ※1	期間	公表・判明日	内容	役職等	件数 ※2
アクサ生命	保険業	東京都		09/2/13	紛失		93件
尾西信用金庫	信用金庫	愛知県		09/2/16	紛失		1,257件
東京海上日動火災（代理店）	保険業	東京都		09/2/24	紛失	運送業者	123件
三菱UFJ証券	証券業	東京都		09/4/8	情報漏えい・売却	部長代理	49,159件
日本生命	保険業	東京都		09/4/8	紛失	委託業者	250件
第一生命	保険業	東京都		09/4/8	紛失	委託業者	373件
東京海上日動火災（代理店）	保険業	東京都		09/4/16	誤廃棄		377件
碧海信用金庫	信用金庫	愛知県		09/4/17	紛失		6件
都城信用金庫	信用金庫	宮崎県		09/5/1	紛失		42件
チューリッヒ保険	保険業	東京都		09/5/19	紛失	委託業者	26,481件
福岡ひびき信用金庫	信用金庫	福岡県		09/5/29	紛失		193件
九州労働金庫	労働金庫	福岡県		09/6/18	誤廃棄		13,227件
財務省	行政機関	東京都		09/6/30	情報漏えい		―
JA山口東	農業協同組合	山口県		09/7/9	紛失	渉外職員	33件
長野県信用組合	信用組合	長野県		09/7/13	紛失		19件
ソニー損保	保険業	東京都		09/7/14	紛失		320件
大分銀行	地方銀行	大分県		09/7/17	紛失		678件

金融機関	業態	都道府県※1	期間	公表・判明日	内容	役職等	件数※2
三浦藤沢信用金庫	信用金庫	神奈川県		09/7/17	紛失		43,123件
りそな銀行	都市銀行	大阪府		09/7/22	紛失		330,000件
アリコジャパン	保険業	東京都		09/7/27	情報漏えい	海外委託先	32,000件
住友生命	保険業	神奈川県		09/7/29	ウイルス感染		1,652件
東京海上日動火災（代理店）	保険業	東京都		09/7/31	情報盗難	代理店社員	4件
三菱UFJニコス	その他金融	東京都		09/8/6	紛失		197,000件
のと共栄信用金庫	信用金庫	石川県		09/8/28	紛失		6,450件
みずほ銀行	都市銀行	大阪府		09/8/31	紛失		3,000件
西京銀行	第二地方銀行	山口県		09/9/3	紛失		12,000件
中央三井信託銀行	信託銀行	東京都		09/9/11	紛失		6,912件
かんぽ生命	郵政グループ	東京都		09/10/8	ウイルス感染		13,574件
JA岡山市	農業協同組合	岡山県		09/10/8	紛失		1,500件
きらやか銀行	第二地方銀行	山形県		09/10/9	情報漏えい		―
関西アーバン銀行	第二地方銀行	大阪府		09/10/15	紛失		33件
仙台銀行	第二地方銀行	宮城県		09/10/21	紛失		2,795件
郵便局など4局	郵政グループ	東京都		09/10/27	紛失		31,000件

金融機関	業態	都道府県 ※1	期間	公表・判明日	内容	役職等	件数 ※2
中央三井信託銀行	信託銀行	東京都		09/11/13	誤送信		358件
大分銀行	地方銀行	大分県		09/11/20	紛失		589件
JAくにびき	農業協同組合	島根県		09/11/24	情報漏えい		7,716件
ゆうちょ銀行	郵政グループ	東京都		09/11/26	紛失		9,600件
預金保険機構	保険機構	東京都		09/11/27	紛失		数十万件
ゆうちょ銀行・かんぽ生命	郵政グループ	兵庫県		09/12/3	紛失		121,000件
ゆうちょ銀行	郵政グループ	秋田県		09/12/11	紛失		3,600件
きらやか銀行	第二地方銀行	山形県		09/12/16	紛失		104件
ゆうちょ銀行・かんぽ生命	郵政グループ	秋田県		09/12/25	誤廃棄・紛失		7,670件
ゆうちょ銀行・かんぽ生命	郵政グループ	静岡県		09/12/28	紛失		2,700件
ゆうちょ銀行	郵政グループ	福井県		10/1/5	紛失		1,600件
さわやか信用金庫	信用金庫	東京都		10/1/8	紛失		1件
ゆうちょ銀行・かんぽ生命	郵政グループ	茨城県		10/1/13	紛失		4,590件
唐津信用金庫	信用金庫	佐賀県		10/1/15	情報盗難		3件

金融機関	業態	都道府県 ※1	期間	公表・判明日	内容	役職等	件数 ※2
三井生命	保険業	東京都	04/7〜08/8	10/1/15	紛失		7,247件
ゆうちょ銀行	郵政グループ	大阪府		10/1/25	紛失		690件
ゆうちょ銀行・かんぽ生命	郵政グループ	奈良県		10/2/4	紛失		1,284件
ゆうちょ銀行・かんぽ生命	郵政グループ	沖縄県		10/2/8	紛失		3,430件
香川県信用組合	信用組合	香川県		10/2/12	紛失		28件
JAびほく	農業協同組合	岡山県		10/2/12	紛失		3,976件
近畿大阪銀行	地方銀行	大阪府		10/2/16	紛失	行員2名	178件
ゆうちょ銀行	郵政グループ	東京都		10/2/23	誤廃棄		51,300件
ジブラルタ生命	保険業	大阪府		10/2/26	情報盗難	社員	3,665件
中京銀行	第二地方銀行	愛知県		10/3/3	紛失		1,000件
ゆうちょ銀行	郵政グループ	東京都		10/3/9	誤廃棄		33,600件
新潟県労働金庫	労働金庫	新潟県		10/3/24	紛失		15,000件
ゆうちょ銀行	郵政グループ	大阪府・埼玉県・新潟県		10/3/26	紛失		93,900件
京都銀行	地方銀行	京都府・大阪府	10/2〜10/3	10/3/29	紛失		1,057件
鳥取銀行	地方銀行	鳥取県		10/3/31	情報漏えい	関連会社	1,700件

金融機関	業態	都道府県 ※1	期間	公表・ 判明日	内容	役職等	件数 ※2
北海道銀行	地方銀行	北海道		10/4/6	情報漏えい	委託業者	466件
きらやか銀行	第二地方銀行	山形県		10/4/12	誤廃棄		4,269件
西京銀行	第二地方銀行	山口県		10/4/19	紛失		1,786件
ゆうちょ銀行	郵政グループ	大阪府		10/4/23	誤廃棄		8,100件
鹿児島信用金庫	信用金庫	鹿児島県		10/6/4	紛失		75件
埼玉りそな銀行	都市銀行	埼玉県	09/10～ 10/1	10/6/17	紛失		28,500件

※1　情報漏えい・誤登録等発覚時の当事者所属部門の立地する都道府県を記載。
※2　金融機関の事実公表時点を記載。
注1　データ出典：㈱日本金融通信社「ニッキン」平成19年8月17日16面、8月24日16面、12月14日17面、12月21日17面、平成20年8月22日16面、8月29日16面、12月19日14面、平成21年8月21日16面、8月28日16面、12月18日14面、平成22年8月20日14面、8月27日16面。
注2　事故・不祥事件は別表記載。強盗事件および薬物・性犯罪等の個人犯罪は記載せず。

【参考資料】（本文中の引用を除く／順不同）

・金融庁ホームページ　http://www.fsa.go.jp/
・「内部監査基準―平成16年改訂―」2004年、社団法人日本内部監査協会
・「営業店不祥事徹底防止マニュアル」2010年1月20日、近代セールス社
・佐々木城夛「営業現場のリスク回避チェックポイント《75例》（特集　リスク管理の高度化対策）」金融ジャーナル2009年10月号24頁
・佐々木城夛「営業店における取引慣行とリスクコントロール施策」ファイナンシャルコンプライアンス2010年1月号48頁
・佐々木城夛「"営業店業務別"不正未然防止策」ファイナンシャルコンプライアンス2010年3月号40頁
・佐々木城夛「振り込め詐欺は金融機関の設備投資だけでは滅失しない」New Finance 2010年7月号30頁
・佐々木城夛「組織文化が行職員の人格形成に及ぼすもの」New Finance 2010年9月号44頁
・佐々木城夛「地域・中小金融機関は人件費削減圧力にいかに対処すべきか」金融財政事情2010年11月8日号34頁
・佐々木城夛「店内検査の実効性を阻害する5つの課題」金融ジャーナル2010年12月号88頁
・日本金融通信社「ニッキン」平成19年8月17日16面、8月24日16面、12月14日17面、12月21日17面、平成20年8月22日16面、8月29日16面、12月19日14面、平成21年8月21日16面、8月28日16面、12月18日14面、平成22年8月20日14面、8月27日16面

事項索引

あ

悪しき"治外法権化" ･････････ 125
預り権利証 ･････････････････ 147
預り資産 ･･･････････････････ 89
預り証 ･････････････････････ 155
ある種の誤った"達成感" ･････ 120
安定決算 ･･･････････････････ 133

い

異常性 ･････････････････････ 143
委託業務業者 ･･･････････････ 90
一線完結 ･･･････････････････ 147
一般的な店内検査 ･･･････････ 136
意欲の欠如 ･････････････････ 153
インターネット ････････ 158, 164
インタビュー ･･･････････ 59,
　60, 69, 89～91, 93～95, 150, 151

う

浮貸し ･････････････････････ 148
受取証 ･････････････････････ 149
うつ病 ･････････････････････ 8
裏金問題 ･･･････････････････ 107

え

営業用車輌 ･････････････ 97, 98
営業担当者・窓口担当者同行訪問時
　口上 ･････････････････････ 165
営業店所属行職員の同一店舗への配
　属上限期間 ･･････････････ 99
営業店の人間関係 ･･･････････ 134
ALM委員会 ･････････････ 59, 127
ATM ･･････････････････ 2, 94, 148

お

エレベータ・ブリーフィング ････ 82
遠隔地 ･････････････････････ 103
厭世気分 ･･･････････････････ 136

お

オークション詐欺 ･･･････････ 147
オーバー・バンキング ･･････････ 2,
　　　　　　　18, 36, 48, 57, 123
お化粧 ･････････････････････ 142
オペレーショナル・リスク ･･･ 54,
　　　　　　　　　　　　86, 97
オペレータカード ･･･････････ 145
おもしろみ ･････････････････ 138

か

カーボン・コピー ･･･････････ 158
外貨取引 ･･･････････････････ 147
会議・委員会組織 ･･･････････ 59
改竄 ･･･････････････････････ 19
会社ゴロ ･･･････････････････ 5
外出・帰店時確認 ･･･････････ 149
外為取引 ･･･････････････････ 147
介入 ･･･････････････････････ 161
回避実態 ･･･････････････････ 45
外部委託先 ･････････････････ 96
外部移動（含退職）時に即応した入
　館時パスワード変更 ･･･････ 96
外部機関 ･･･････････････････ 90
外部発注 ･･･････････････ 73, 107
外部評価 ･･･････････････････ 124
カウンセリング ･････････････ 121
鍵 ･･････････････････････ 144, 145
鍵管理システム ･････････････ 88
鍵当番 ･･････････････････ 97, 154

事項索引　209

貸金庫 …………………… 147	業務改善計画 ………………… 27
課題解決機能 ………………… 121	業務管理の基本的なスキーム … 61, 62
家長 …………………… 134	業務に対する繁忙実態………… 150
加点 …………………… 45	緊急時の代行者の任命………… 23
仮勘定 …………………… 147	緊急度・重要度の事前評価…… 117
関係者への対応 ……………… 23	緊急連絡 ………………………… 23
監査結果関係報告書 ………… 116	緊急連絡網…………………… 99, 100
監査執行能力 ………………… 77	金融円滑化法 ………………… 149, 156
監査部門の部門文化 ………… 123	金融機関の企業文化 ………… 32
監査報告書 …………………… 58	金融機関の社会的使命 ……… 55
監査役室 ……………………… 126	金融検査マニュアル ………… 60
監査役付 ……………………… 126	金融システム ………………… 15
監事室 ………………………… 126	金融システム安定化 ………… 133
監事付 ………………………… 126	金融犯罪 ………… 3, 4, 12, 15〜17,
監督指針 ……………………… 60	21, 29, 31, 37, 102, 103, 124, 163

き

企業が反社会勢力による被害を防止	
するための指針 ……………… 5	
企業舎弟 ……………………… 20	
企業文化 ……………………… 123	
記者会見 ……………… 26, 36, 37	
切手 …………………………… 145	
機微（センシティブ）情報…… 157	
基本ルールの有無 …………… 150	
（逆）ハロー効果……………… 31	
キャッシュカード …………… 146	
CD（キャッシュディスペンサー）	
…………………………… 148	
休暇取得予定 ………………… 97	
救済 ……………………… 28, 29	
休日勤務 ……………………… 154	
行政機関等への対応 ………… 24	
行政処分 ……………………… 28	
業績考課の「能力開発」面への評価	
…………………………… 139	
業績評価 ……………………… 50	

く

空白の対象範囲 ……………… 152
苦情 …………………………… 156
苦情受付担当者 ……………… 66
苦情顧客 ……………………… 156
苦情対応 ……………… 147〜149
苦情対応報告 ………………… 69
クレーマー …………………… 26
クレジットカード …………… 89

け

経済面での困窮 ……………… 4
警察等への対応 ……………… 25
経費 ………………… 73, 74, 107
軽微な事務ミスに対する修正 … 134
結果報告の全員回覧 ………… 142
決算書の改竄 ………………… 19, 20
決算書の偽造 ………………… 19
原因証書との突合せ ………… 148
現金違算への課金 …………… 137
現金等 …………………… 64, 68

現金届 … 149	個人情報 … 145
顕在化リスク … 120	個人情報の保護に関する法律 … 156
現在進行形の事故・不祥事件や予備群 … 28	個人用（私物用）ロッカー … 97
検査担当者の能力開発 … 153	コスト管理 … 133
検査頻度 … 144,146,148,149	事なかれ主義 … 122
原始的なリスク管理強化策 … 149	コンサルティング … 121
現物 … 63,65	コンプライアンス・プログラム … 29

こ

公益通報制度 … 108	
公益通報窓口 … 161	
高額の払出し・振替え … 104	
効果的な手順への組換え … 141	
口座移管交渉 … 103	
交際費 … 73,107	
口座の不正利用 … 147	
口座売買 … 17	
拘束 … 24	
行動管理 … 90,161	
口頭情報 … 63	
高齢者世帯 … 164	
高齢の定例訪問顧客 … 104	
コーチング … 90	
小切手帳 … 162	
顧客先への抜打ち訪問 … 166	
顧客住所 … 157	
顧客情報 … 157	
顧客情報管理基準 … 101	
顧客情報の受渡し … 21	
顧客と連携した検査 … 162	
顧客の声 … 47,90	
顧客への訴求力 … 141	
告発状 … 25	
心に悩みをもつ行職員 … 159	
個人印 … 155	
個人使用机 … 97	

さ

最高経営幹部 … 81〜84,118,119	
最高経営者 … 124	
再発金融機関 … 38	
再発防止策 … 23,27,28,36, 37,95,127,128,133,141,152,153	
再発防止措置 … 36	
詐欺 … 20	
サボタージュ … 79	

し

自学 … 47	
時間外現金 … 147,148	
時間軸・業務の流れに着目したスキーム … 62,63	
磁気記憶媒体 … 97	
事後対応所管部門 … 120	
自己査定 … 18	
事後対応報告書 … 47,48	
事故届 … 146,147	
事故または不祥事件対策本部 … 23	
自殺 … 24	
市場関係事務処理部門（バック・オフィス部門） … 65	
市場リスク … 54	
自身・周囲の理解・習熟状況 … 151	
静かなる威嚇 … 161	
事前評価 … 22	
事前ミーティング … 115	

事項索引 211

実質的人員・・・・・・・・・・・・・・・・・140
失踪・・・・・・・・・・・・・・・・・・・・24,25
実態に応じた助言・・・・・・・・・・・121
実態のない事業先への融資・・・・・・148
シナリオ高度化・・・・・・・・・・・・・・54
自認調書・・・・・・・・・・・・・・・・・・・・5
事務改善委員会・・・・・・・・・・・・・139
事務過誤・・・・・・・・・・・・・・・30,141
事務軽減・・・・・・・・・・・・・・・・・・140
事務検査・・・・・・・・・・・・・・・・・・144
事務合理化運動・・・・・・・・・・・・・139
事務集中部門・・・・・・・・・・・・65,68
社会運動標榜ゴロ・・・・・・・・・・・・・5
社会規範・・・・・・・・・・・・・・・・・・159
就業規則・・・・・・・・・・・・・・・・・・・83
周知による共有・・・・・・・・・・・・・・93
収入印紙・・・・・・・・・・・・・・145,146
重要機器・・・・・・・・・・・・・・・・・・158
重要情報・・・・・・96,98,99,154,155,160
重要書類・・・・・・63,64,68,155～157,160
重要物・・・・・・96,132,145,154,155,160
重要用紙・・・・・・・・・・・・・・・・・・145
守備・・・・・・・・・・・・・・・45,49,51,136
巡回経路の一定時期による変更・・・・96
上位下達の企業風土・・・・・・・・・・140
上位下達の企業文化・・・・・・・・・・135
渉外担当者（外交担当者）担当地区
　の（同一地区）担当上限期間・・・・99
消費者金融会社からの借入れ・・・・・・5
情報流出防止体制・・・・・・・・・・・156
初期対応・・・・・・・・・・・・・・・・・・133
職場離脱・・・・・・・・・・・・・・・・・・・72
所属行職員の原始的なリスク認識・・70
書損・無効証書・通帳・・・・・・・・・146
人員総数の１％・・・・・・・・・・・・・・53
審査管理部門・・・・・・・・・・・・・・・54
審査手続・・・・・・・・・・・・・・・・・・・18

人事考課・・・・・・・・・・・・・・・・・・・52
親書・・・・・・・・・・・・・・・・・・・63,64
心身耗弱・・・・・・・・・・・・・・・・・・159
信用調査・・・・・・・・・・・・・・・・・・・・7
信用調査機関・・・・・・・・・・・・・・・18
信用不安の発生の防止・・・・・・・・・27
信用リスク・・・・・・・・・・・・・・・・・54
心理的ハードル・・・・・・・・・・・・・134

す

スケール・メリット・・・・・・・・・・107

せ

性悪説・・・・・・・・・12,71,119,140,151
性悪説に立った管理態勢の構築・・・151
生活資金貸付・・・・・・・・・・・・・・・・5
政治活動標榜ゴロ・・・・・・・・・・・・・5
性弱説・・・・・・・・・・・・・・・・・12,16
精神疾患者・・・・・・・・・・・・・・・・・・8
精神面の衰弱・・・・・・・・・・・・・・・・4
責任の所在・・・・・・・・・・・・・・・・・24
セキュリティ管理・・・・・・・・・・・158
セクシャル・ハラスメント・・・・66,90
接待・贈答機会・・・・・・・・・・・・・103
設備投資・・・・・・・・・・・・・・・・・・134
説明を行う対象取引先の選定・・・・・25
潜在リスク・・・・・・・・・・・・・120,159
潜在リスク量・・・・・・・・・・53,54,96
全体最適化・・・・・・・・・・・・・・・・・85
全体最適化判断・・・・・・・・・・・・・・53
全日空857便ハイジャック事件・・・・9
前例踏襲・・・・・・・・・・・・・・・・・・122
前例踏襲主義・・・・・・・・・・・・・・・109

そ

総会屋・・・・・・・・・・・・・・・・・・・・・5
総合調整部門・・・・・・・・・・・・・・・126

捜査協力要請·················· 25
組織体内の他部門による定期的な評
　価······················· 124
損害賠償···················· 63

た

第一報················ 23, 81, 118
対外公表··················26, 27
対岸の火事·················· 132
大企業病···················· 121
代金取立手形················· 147
対策主管部門を「動かす」調整機能
　························ 119
第三者意見··················· 61
対反社会勢力················· 160
逮捕····················· 24, 25
代理業務···················· 147
宝くじ······················ 89
建物からの退館時の複数名対応···· 96
建物管理規程················· 83
建物への入館時の複数名対応····· 96
他部門による定期的な評価······· 125
単独の行職員による時間外勤務··· 154
単独の行職員による入退館······ 154

ち

地区外取引·················· 103
知識・ノウハウ修得目標········ 139
長期預り···················· 155
長期業務離脱中（連続休暇中等）の
　確認事項··················· 71
長期離脱期間·················· 99
長期離脱制度·················· 99
調整（control）········ 45, 52, 144

つ

追加調査················ 23, 133

通帳預り···················· 104
都合の悪い情報··············· 115

て

定期積金···················· 149
定期積金の掛込延滞············ 104
定期積金通帳の引上照合········ 149
定期積金の引上（全件）照合···· 104
低成長経済下での過酷な競争······ 3
手形貸付···················· 148
手形帳····················· 162
手数料················· 162〜164
徹底性····················· 128
鉄道会社社員によるIC乗車券を不正
　利用したキセル行為············ 16
テラーノート················· 89
店外ＡＴＭ··················· 88
店内検査実施時の留意事項······ 143
店内検査実施体制········ 150, 152
店内検査実施の意義や必要性···· 143
店内検査担当者等の顧客先への訪問
　························ 166
店内検査担当者の職位········· 140
店内検査と監査部監査の結果の乖離
　························ 118
店内検査に係る不満··········· 153
添付ファイル················ 158
店舗・金庫鍵················· 97

と

同一業務担当上限期間·········· 100
同一地区・顧客担当上限期間····· 100
同一店舗への配属上限期間······ 100
同額の預入・払出し············ 103
東京佐川急便事件··············· 6
当局検査················ 127, 138
統合リスク管理················ 54

当事者意識·················· 37,46
逃走························ 25
動態確認······················ 110
同程度の金額の払出し・預入れ··· 166
盗難防止措置·················· 157
特殊知能暴力集団················ 5
特定業者······················ 74
特定顧客······················ 161
特定顧客との取引状況··········· 103
突発型························ 109
突発性················ 74,126,140
突発的······················ 146
トラブル口座··················· 161
取締役会····················· 125
取引先からの照会··········· 25,26

な

内部監査基準·················· 124
内部監査の品質管理········ 124,125
内部事務担当者（テラー・後方事務
　・融資窓口等）担当業務の（同一
　業務）担当上限期間············ 99
内部評価····················· 124
なぞり訂正··················· 155
納得感······················ 139

に

日常業務実施体制··············· 154
日常業務への落し込み··········· 140
日本銀行考査·················· 127
日本内部監査協会··············· 124
入院························· 24
入退室記録簿··················· 96
認知症······················ 165

ぬ

抜打ち························ 57

ね

念書·························· 5

の

能力開発目標·················· 139

は

把握情報の報告················· 22
パーソナル・コンピュータ········ 97,
　　　　　　　　　　　　98,145,158
ハード・ディスク········· 97,98,158
配置基準······················ 71
パスワード··············· 97,98,158
発揮能力················ 46,55,127
発生原因の調査・解明············ 24
発生場所····················· 132
発注・委託先··················· 74
犯意························· 21
反響························· 27
犯罪集団····················· 155
犯罪組織・集団················· 17
反社会勢力···················· 5,
　　　　　6,7,17,20,21,66～68,74,161
反社会勢力の介入················ 4
反対取引···················· 108

ひ

被害者への対応················· 24
非協力的な対応を示す行職員····· 152
ビジネス子会社········ 65,68,88,90
費用対効果··················· 137
品質管理····················· 124
品質管理プログラム············· 124
品質保証····················· 125

ふ

ファクシミリ ····· 97,99,141,157,158
プール金 ···························· 107
不在・休暇者に対する検査 ········ 152
不祥事件対策本部 ·················· 24
不正行為 ··························· 19
不正な事務 ························ 14
不正融資 ······················ 18,19
不正利用口座 ····················· 146
舞台 ······························ 132
部店長会議 ················ 51,52,106
不透明な取引 ····················· 108
不当要求 ··························· 6
部門内の自己評価 ················· 124
部門文化 ························· 123
振り込め詐欺 ················· 20,147
部利部益 ························· 122
フロント企業 ······················ 20
紛失 ····························· 147
粉飾 ······························ 19
文書等掲示基準 ··················· 97

へ

便宜扱い ························· 156
弁護士 ···························· 25

ほ

法定検査 ·························· 18
報道機関 ······················ 26,27
防犯カメラ ························ 88
暴力団 ························· 5,6,7
暴力団員による不当な行為の防止等
　に関する法律 ··················· 20
暴力団排除条項 ···················· 6
ホームページ ············· 26,27,163
保証意思確認 ····················· 148

保証機関 ·························· 18
保有リスク量 ····················· 141
本人確認 ························· 146
本人確認情報 ····················· 157
本人特定情報 ····················· 157
本部所属行職員の同一店舗への常駐
　（配属）上限期間 ················ 99
本部部門表彰 ····················· 129

ま

窓口担当者との同行訪問 ·········· 165
マネーローンダリング ············· 17
マンネリズム ····················· 136

み

ミスコピー ······················· 157
ミドルオフィス部門 ················ 54

む

無鑑査集金 ··················· 65,149
無形情報 ··················· 63～65,68

め

明白な事件性等がうかがい知れない
　事象の事前評価 ················· 118
メールカー ··········· 65,68,96,98
メール発信 ······················· 158
メンタルヘルス ···················· 90
面談記録 ······················ 25,26

も

持出し・持帰り携行物の調査 ····· 110
もって生まれた弱さ ················ 12

や

役席者カード ················ 145,155
やらされている感 ············ 47,138

ゆ

有価証券担保 …………………… 148
優先順位づけ …………………… 141
癒着 ……………………………… 160

よ

預金・積金担保 ………………… 148
予告・事前通知型 ……………… 109

り

リーダーシップ ………………… 105
リスク感覚 ……………………… 159
リスク感応度 …………………… 159
リスク管理委員会 ………… 59,127
リスク管理の原理原則 ………… 160
リスクコントロール …………… 132
リスク実態の事前評価（assessment）
　……………………… 45,52,54
リスク認識 ……………………… 69
リスクの査定 …………………… 52
離脱期間中の離脱者に対する確認事
　項 ……………………………… 72
リベート型の成功報酬 ………… 20
良識ある嫌われ役 ……………… 110
利用者負担 ……………………… 162
領収書 …………………………… 163
僚店間の検査員の相互派遣 …… 146
旅費交通費 ……………………… 73
臨時監査員 …… 55,75〜80,111〜117

れ

連続休暇制度 …………………… 99

ろ

労働者派遣法の改正 …………… 2
労務管理 ………………………… 100

ローコスト・オペレーション …… 107
ローコスト化圧力 ……………… 142
ローテーション期間 …………… 83
ローテーション基準 …………… 78
ローテーションの固定化 ……… 123
ローンカード …………………… 148

わ

割引手形 ………………………… 148
悪い意味での権力 ……………… 117
悪い報告ほど重要 ………… 81,118

金融機関の監査部監査・自店内検査力強化の手引き
——金融機関を守る最後の砦

平成23年2月16日　第1刷発行
平成28年10月18日　第4刷発行

著　者　佐々木　城夛
発行者　小　田　徹
印刷所　株式会社太平印刷社

〒160-8520　東京都新宿区南元町19
発 行 所　一般社団法人 金融財政事情研究会
　　　編集部　TEL 03(3355)2251　FAX 03(3357)7416
販　　売　株式会社きんざい
　　　販売受付　TEL 03(3358)2891　FAX 03(3358)0037
　　　URL　http://www.kinzai.jp/

・本書の内容の一部あるいは全部を無断で複写・複製・転訳載すること、および磁気または光記録媒体、コンピュータネットワーク上等へ入力することは、法律で認められた場合を除き、著作者および出版社の権利の侵害となります。
・落丁・乱丁本はお取替えいたします。定価はカバーに表示してあります。

ISBN978-4-322-11749-3